海洋人物丛书⑪

大海星空

2022年度海洋人物

本书编委会 编

海洋出版社

2024年·北京

图书在版编目（CIP）数据

大海星空：2022年度海洋人物／本书编委会编.
—北京：海洋出版社，2024.6
ISBN 978-7-5210-1262-0

Ⅰ. ①大… Ⅱ. ①本… Ⅲ. ①海洋学-科学工作
者-先进事迹-中国-现代 Ⅳ. ①K826.14

中国国家版本馆 CIP 数据核字（2024）第 100147 号

大海星空——2022 年度海洋人物

DAHAI XINGKONG——2022 NIANDU HAIYANG RENWU

责任编辑：高朝君

责任印制：安 淼

海洋出版社 出版发行

http://www.oceanpress.com.cn

北京市海淀区大慧寺路 8 号 邮编：100081

鸿博昊天科技有限公司印刷 新华书店经销

2024 年 6 月第 1 版 2024 年 6 月第 1 次印刷

开本：710mm×1000mm 1/16 印张：14.25

字数：190 千字 定价：78.00 元

发行部：010-62100090 总编室：010-62100034

海洋版图书印、装错误可随时退换

本书编委会

主　　编：夏　俊　李　航

副主编：黄　健　任　玲　陈华明

编　　委：张　艳　　冷旭东　　吴玥影　　王荷苗

　　　　　李铁源　　胡永春　　周星宇　　刘　闯

　　　　　方智坤　　张栋辉　　李星宇　　秦海丽

　　　　　李佳斌　　王雨峰　　曲　艺　　黄　璐

　　　　　蓝志鹏　　杨清燕　　杨伯荣

前　言

　　"海洋人物"宣传发布活动是国家海洋局于2009年设立的社会宣传活动。2009年，国家海洋局联合有关单位评选出新中国成立60年来为海洋事业作出重要贡献的十大人物。2010年，国家海洋局联合有关单位启动了年度"海洋人物"宣传发布活动。2018年自然资源部组建后，继续开展此项活动。截至目前，"海洋人物"宣传发布活动已开展了12届，共评选出113名（组）海洋事业的典型人物、优秀代表。

　　为深入学习宣传贯彻习近平生态文明思想，充分发挥先进典型的示范引领作用，2022年11月自然资源部组织开展了2022年度"海洋人物"宣传发布活动，并于2023年6月8日世界海洋日暨全国海洋宣传日主场活动现场发布了评选结果。"雪龙2"号首任船长赵炎平，中国海洋大学研究生支教团，海军西沙某水警区中建岛守备部队分队长邱华，交通运输部上海打捞局潜水队队长胡建，中海油研究总院有限责任公司工程研究设计院海管结构首席工程师侯静，中国载人深潜事业的实践者叶聪，"海洋负排放"国际大科学计划发起人焦念志，外交部边界与海洋事务司（事迹略），山东省荣成市寻山街道青鱼滩社区党委书记、居委会主任，寻山集团有限公司党委书记、董事长李长青和中国远洋海运集团有限公司船长严正平等10人（组）入选。他们中有深耕中国极地考察一线、奋力探索未知海洋的领航人，有24载如一日守岛戍边、爱国爱岛、乐守天涯的铁血战士，有攻坚克难、挑战极限、逐梦深蓝的奋斗者，亦有满怀匠心、满腔壮志、满腹才华的巾帼指挥官……他们热爱海洋事业，恪尽职守，无私奉献，在推动海洋经济高质量发展，加强海洋生态保护修复，推进海洋强国建设等方面勇于担当作为，作出了突出贡献。他们代表了新时代的海洋精神，汇聚起向海图强的榜样力量，激励着海洋工作者不忘初心、砥砺前行。

海洋孕育了生命、联通了世界、促进了发展。党中央、国务院高度重视海洋强国建设，党的二十大报告作出"发展海洋经济，保护海洋生态环境，加快建设海洋强国"的战略部署。在新的历史起点上，需要榜样的力量激励更多人投身海洋强国建设。现将 2022 年度"海洋人物"事迹汇编出版，供读者学习借鉴，以更好地为以中国式现代化全面推进强国建设、民族复兴伟业贡献力量。

2023 年 6 月 8 日，陈尘肇副总督察（右一）为 2022 年度
"海洋人物"颁奖

目　次
CONTENTS

因为热爱　所以坚持

——记中国远洋海运集团有限公司船长严正平

我喜欢航海，因为航海是一个特殊的职业，极具冒险性和挑战性，需要人具有极高的责任心、坚强的毅力，以及强健的体魄、娴熟的专业技能，还需要具备良好的心理素质、较强的环境适应能力和对突发事件的应变能力。航海要求从业人员具有相当高的职业素养，从某些方面讲更能体现人生的价值。

——严正平

冰雪极地追梦 奉献无悔青春

——记"雪龙2"号首任船长赵炎平

> 我热爱海洋，热爱极地事业。我们遇上极地事业大发展的最好机遇，遇上有机会做奉献、实现自我价值的时代，我们丝毫不敢懈怠，倍加珍惜和努力，让生命在奉献中焕发光彩。
>
> ——赵炎平

赵炎平，中国共产党第二十次全国代表大会代表，现任中国极地研究中心（中国极地研究所）纪委委员、业务第三党支部书记、船舶与飞机管理处处长。他长期致力于中国极地考察事业，先后担任我国极地考察破冰船"雪龙"号和"雪龙2"号船长，先后参加了12次南极考察和3次北极考察，为我国极地考察事业作出了卓越的贡献。他凭借出色的技术专长，参与了我国首制极地破冰船——"雪龙2"号的建造工作，见证并参与了中国极地考察事业的飞速发展。作为新时代中国极地考察队伍的杰出代表，赵炎平同志的先进事迹充分展现了中国极地考察人员的精神风貌和时代担当。

南极和北极，这两块地球上最神秘、最遥远的大陆，始终牵动着无数人的心弦。在冰雪覆盖的极地环境中，独特的自然条件孕育了无穷的科学奥秘，使得南极和北极成为全球科学家竞相探索的目标。

赵炎平参加中国共产党第二十次
全国代表大会

作为中国的极地考察破冰船，"雪龙"号和"雪龙2"号在每年的科考季节都会承载着众多科学家的期望，穿越重重冰山，驶向极地这块神秘之地。而在这支科考队伍中，有一个人物格外引人注目，他就是为科考破冰船掌舵的赵炎平。

赵炎平，一位经验丰富的极地考察破冰船船长，曾先后担任"雪龙"号和"雪龙2"号的船长，带领着中国的科考队伍一次次挑战地球的最南

"双龙探极"——"雪龙"号与"雪龙2"号在中国南极中山站外停泊卸货

端和最北端。他参加了 12 次南极考察、3 次北极考察，总航程逾 30 万海里，几乎与"雪龙"号一同走遍了世界的尽头。在对南极和北极的考察中，赵炎平始终秉持高度的责任感和使命感。他深知自己肩负着引领船员和科学家们安全到达极地的重任，只有确保每一次航行的安全，才能让科学家们深入探索这片神秘大陆的奥秘，圆满完成极地科考任务。

作为极地考察破冰船船长，赵炎平对南极和北极的自然环境有着深入的了解，并具备出色的应对能力。他能够准确地判断冰层的厚度、预测天气变化，以及应对多种突发状况。正是由于他的精湛技能和严谨态度，使得历次南极和北极的科考任务都能够安全、顺利地完成。赵炎平用自己的实际行动诠释了什么是对职责的坚守和对科学的献身。他不仅是中国极地考察事业的杰出代表，更是全人类在探索未知领域、追求科学真理道路上的坚定前行者。正是因为有赵炎平这样的极地工作者，我们坚信，中国的南极和北极科考事业将会取得更加辉煌的成就，为人类认识这片神秘大陆、保护地球生态环境作出更大的贡献。

十年磨剑 追梦极地

"诚以待人，毅以处事。四年间，从懵懂的少年到成熟睿智的青年。嘉庚精神培育了我独自面对风浪的坚强毅力。"赵炎平说道。2004 年，赵炎平怀揣"诚毅"校训和对大海的向往离开母校集美大学，踏上新的人生旅程。他跟随破冰船"雪龙"号出征南北极，从一名普通水手做起，一步一个脚印，历经三副、二副和大副岗位锻炼，最终在 32 岁时成为"雪龙"号最年轻的船长。

他年纪虽轻，但肩上的担子却不轻。随着我国极地事业的发展，南极考察站的建筑材料和科考物资需求量逐年增加，这给"雪龙"号极地考

在"雪龙 2"号首航出发前，赵炎平受邀接受采访

察船带来了巨大的运输压力。当初作为甲板部的一员，赵炎平始终坚守在第一线，无论是货物绑扎、起吊带缆，还是吊车指挥、驾艇卸货，他都做得游刃有余。

在担任"雪龙"号大副期间，赵炎平更是成了卸货工作的主力军。极地的气象瞬息万变，他们必须利用每一个好天气进行高强度作业。在连续二十几小时的卸货过程中，他和同事们顶着凛冽的寒风，在零下二十几摄氏度的雪地里，将数以千吨的物资从船上卸下。这种高强度的工作往往使他们全身麻木，甚至手脚不听使唤。然而，赵炎平从未退缩。他深知每一次卸货都影响着科考任务的顺利进行，关乎我国极地考察事业的下一步发展。在他的带领下，每一次卸货工作都能顺利完成，为科考队提供了充足的物资保障。

赵炎平的成长历程充满了奋斗与拼搏。他爱岗敬业，自信独立，富有挑战精神，勇于奋斗创新。与同龄人不同的是，他肩负着"为人类和平利用南极做出贡献"的特殊使命，奋斗在万里之遥的冰雪极地。他用自己的汗水和努力，诠释了老一辈极地工作者拼搏奋斗的优良传统，也蕴含着我国极地事业继续向前发展的新希望。

"雪龙2"号首航南极开展破冰试验，赵炎平和同事们工作在一线岗位

作为一名极地考察船的船长，赵炎平肩负着多重责任。他既要为各项考察任务的顺利实施提供技术支持，还要保证全体船员和考察队员的安全。在关键时刻，他更要体现出一个"极地大国"的形象和担当。这不仅需要具备高超的航海技能和丰富的管理经验，更需要抱有一种强烈的责任心和使命感。

在极地考察中，赵炎平始终保持着高度的警惕和专注。他带领船员们与恶劣的自然环境做斗争，应对各种突发状况。在执行考察任务中，他始终坚持科学严谨的态度，确保每一个环节都万无一失。

此外，赵炎平还十分注重团队协作和人才培养。他相信团队的力量是

赵炎平在"雪龙 2"号驾驶台操控船舶

无穷的,只有大家齐心协力、共同奋斗,才能克服重重困难、取得更大的成就。因此,赵炎平在工作中始终关注团队成员的成长与发展,鼓励他们发挥自己的特长和潜力。在他的带领下,极地考察船上的每一位船员都展现出了出色的能力。

除工作外,赵炎平还积极参与各种公益活动和科普宣传。他深知极地考察对于人类的重要性,也明白科普教育对提高公众的极地认知和保护意识的重要性。因此,他经常走进校园、社区,与学生、市民分享极地考察的经历和知识,激发他们对极地的兴趣和热爱。

正是因为有了像赵炎平这样的优秀人才,我国极地事业才能不断发展壮大。他的故事激励着更多年轻人投身于极地考察事业,为我国极地科学研究作出更大的贡献。同时,也让世界看到了中国在极地领域的实力和影响力。

劈风斩浪 勇毅前行

"2015 年 11 月 18 日，由我担任中国第 31 次南极考察队'雪龙'号考察船船长，这是一种荣耀，更是一种责任。"赵炎平说道。第一次作为船长带队出海，执行中国第 31 次南极考察任务，那一年，他 32 岁，已执行过 10 次南极考察任务，2 次北极考察任务，进入中国极地研究中心工作10 年。赵炎平感慨地说："成为船长意味着要面对新的责任和挑战。我第一次带领全体船员出海时，脑子里只有两个字——安全！"

船舶航行安全很大程度上取决于船长的学识、经验和能力。想着瞬息万变的海况，想着如何应对突发事件，赵炎平暗下决心，工作要细致再细致，不放过任何角落、任何细节，更要对每名船员的状态、每项工作的进展情况了然于胸。

前往南极，必须穿越一个被称为"魔鬼海域"的地方，那里也是通往南极最大的障碍——位于南纬 40 度至 60 度之间的"咆哮西风带"。这里没有大陆，长年有 6 至 7 级的强气旋，风力最强的时候可达到 12 级以上。在这里，气旋就像肩并肩、手拉手一样，一个接着一个不停地环绕着地球旋转。可以说，如果船舶在西风带发生危险，连救援的机会都没有。超过 5 米的涌浪像一座座小山，凶险地向"雪龙"号拍过来，浪打在船头发出金属撞击的巨响。船长经常要连续好几天坚守在驾驶台上，一边关注海况，一边提防船上设备出现状况。"此时船舶只能顶着涌浪的方向行驶，以保证最大的动力输出。但即便这样，危险还是会随时出现。"如果船舶在风浪中前后颠簸起伏过大，导致尾部螺旋桨高出水面，这时螺旋桨会因为阻力突然消失而自动停止工作，也就是"飞车"现象，后果不堪设想。还有一种情况是，如果船体被大风浪打横，

"雪龙"号穿越"咆哮西风带"

还可能发生倾覆。

2004 年，赵炎平第一次随船前往南极，就在"魔鬼海域"遭受了 8 天 8 夜的折磨。"头就像要爆炸了一样，吃了东西就吐掉，然后再吃再吐。"他回忆说。"雪龙"号一度倾斜到了约 40 度，桌子会翻，地毯都会卷起来，睡觉时必须把自己绑在床上。

现在，随着气象预报手段增多、预报精度提高，船舶规避气旋的方案越来越成熟，科考船遭遇可怕大风浪的概率已经小了。不过，新的危险也会出现。比如：现在极地科考会前往过去鲜少踏足的南极罗斯海、宇航员海、阿蒙森海等相关海域。这些海域冰山林立，给航行带来巨大挑战，特别是遇到风雪雾等天气，能见度不高时，可能会遇上危险。

赵炎平也经历过惊魂一刻。有一次在南极中山站外围浮冰区航行，当

"雪龙"号船首破冰

时作为二副的他正在驾驶台值班。"我看到船头方向有一点白色，跟旁边的白色有些不同，当时也不知道是什么，但第一反应是赶紧采取措施，所以我立即打了个左满舵，之后就看见一座非常高的冰山贴着船的右边过去了。"

现在，赵炎平和他的团队在几条往返南极的常规航线中，探索发现了几个"避风湾"。船只可以在西风带中的麦夸里岛和赫德岛避风，采用分段航行的办法穿越西风带。正是他的这种大胆尝试，为今后船舶在该区域航行提供了宝贵经验，也大大提高了"雪龙"号船穿越西风带的安全性。

国际救援 同舟共济

    2013 年 12 月 25 日，是西方传统节日圣诞节。正在南极执行考察任务的"雪龙"号接到求救信号"Mayday"，这是最高等级的海上救援信号：一艘载有 74 人的俄罗斯客轮"绍卡利斯基院士"号在南极海域被浮冰困住。此时，"绍卡利斯基院士"号距离"雪龙"号大概 600 海里，已经在暴风雪中被浮冰围困了将近一天一夜。同样接到求救信号的还有澳大利亚、法国和美国的破冰船，但最后其他三艘船都因故障或者补给不足等原因中断了救援。全世界的目光都投向了"雪龙"号。"要以最快的速度到达出事海域"，这是赵炎平和他的同事们心中最真实的想法。

"绍卡利斯基院士"号等待救援

　　足足花了 4 天 4 夜，在克服了大雾弥漫、风雪交加、白浪滔天、能见度极差等一系列困难后，"雪龙"号终于航行到距"绍卡利斯基院士"号仅 6.1 海里处。在出事海域，"绍卡利斯基院士"号不断被海冰挤压着，船体已经上浮并出现倾斜；其船体严重受损，而两座巨大的冰山正分别从船头两舷缓缓靠近，"绍卡利斯基院士"号陷入绝境。当看到橙色的"雪龙"号若隐若现地出现在茫茫冰海时，"绍卡利斯基院士"号迎来了脱困的希望。但是，冰情太复杂了。大片浮冰铺满了海面，最大直径近千米，厚度也达 3 至 4 米，已远远超出了"雪龙"号的破冰能力。赵炎平和他的同事们驾驶"雪龙"号尽可能再靠近一些，但还是被挡在了距"绍卡利斯基院士"号 3.2 海里处。在"雪龙"号船后，破冰开出的一条水道很快也闭合了，其自身也被海冰所困。"雪龙"号救援俄罗斯客船遇冰受阻后，习近平总书记立即做出重要指示，要求各有关方面协调配合，指导帮助他们脱困，确保人员安全。

　　"看看那条中国船还在不在。"——那几天，这成了"绍卡利斯基院士"号上所有人最关心的事！

　　在经历了几次救援行动的失败后，经过沟通、协商、讨论，最后的营救计划确定为由"雪龙"号派出直升机，先把人救出来。2014 年 1 月 2 日中午，经过 6 小时的营救，直升机将"绍卡利斯基院士"号上的 52 名乘客运送至澳大利亚"极光"号破冰船。营救宣告成功。

　　可谁也没想到，是夜，"雪龙"号所在海域冰情突变，厚达四五米的浮冰在大风裹挟下将"雪龙"号团团围困。"三座大小不等的冰山从船体前后漂过，所幸有惊无险。"在被浮冰包围的狭窄空间里，赵炎平和船员们轮流驾驶"雪龙"号缓缓地倒车、加速、前进、破冰、转向，小心翼翼地循环往复，努力调转船头，寻找突围的路线。

　　当时正处于南极的融冰期，虽然海冰在融化，但真正的危险是移动的冰山。2 万吨的"雪龙"号在几千万吨的冰山面前不堪一击，只有靠风把大片浮冰吹开。风向转变的时间窗口很短，但是一定会来。"我们干的也是一份靠天吃饭的工作，那时恰好有一股暖湿气流形成，大风吹动'雪龙'号四周的浮冰整体快速移动，否则我们还得担惊受怕好一阵。"赵炎平说。

在被困的第 5 天，"45 度、60 度、70 度、90 度……"船头一寸寸掉转过来，在转到 110 度时，船头前方突然裂出一道冰缝，很多人听到了冰缝裂开的声响，一条水道奇迹般地出现。"雪龙"号迅速穿过这条水道，成功破冰突围。

"冲出来了！""雪龙"号上响起一片欢呼声。

"雪龙"号成功破冰突围

"雪龙"号的这次跨年大营救，堪称"国家形象公关"的成功范例，让世界看到了中国作为参与极地考察的负责任国家形象。"我记得当时国外媒体有对我们救援俄罗斯客轮的报道，其中有一句话让我印象很深，他们说：从这件事情可以看出，中国是一个负责任的大国。"赵炎平说，"国际舆论这样评价我们，我们的救援工作再辛苦，风险再大，也是值得的。"

汽笛一响 远走他乡

"就是因为极地工作的风险无处不在，我们每次开航之前都会签一个'家属确认函'，它的作用就像接受手术前要签的'生死状'一样。签这个'生死状'的应该是本人和家属，但我们往往不会告诉家人，都是自己默默地代签。"赵炎平平静地说道。

老船员是"雪龙"号的宝贵财富，也是年轻人学习的榜样。谈到老船员，赵炎平说到了原机匠长曹建军。老曹在执行南极考察任务期间，失去了两位他生命中最挚爱的亲人。

一位是他的爱人。在第18次南极科考队出发前夕，曹建军的妻子被查出患有白血病，开始住院接受化疗。但是，当妻子从科考队那里得知"这次任务很重要，离不开老曹"时，便主动提出"去吧，那边需要你"。科考任务执行得很顺利，返航途中，老曹却接到了妻子过世的噩耗。当时，他悲痛万分，"雪龙"号拉响声声汽笛，遥隔千山万水向逝者致意。

第23次南极科考时，老曹要到中山站越冬，一去就是17个月。出发前，他回金华老家看望母亲。老人哪知南极究竟有多远，还以为他要去南方，还嘱咐"南边雨水多，要带伞"。只是这样的叮嘱，老曹已无法再听到了。在执行科考任务期间，国内传来老曹母亲突发脑出血逝世的噩耗。回国后，久未能在母亲身边尽孝的老曹只能跟家里的兄弟们抢着付丧葬费

"雪龙"号起航执行南极考察任务

以弥补心中的愧疚。

"这就是我们的老船员，也是我们的老前辈，他们的精神一直鼓舞着我们。"赵炎平感动地说。

攻坚克难 玉汝于成

2016 年，赵炎平从"雪龙"号调任，参与我国新型极地破冰船的建造工作。"雪龙 2"号是我国第一艘自主建造的极地科考破冰船，更是全球第一艘采用艏艉双向破冰技术的极地科考破冰船。这艘破冰船的建造过程充满挑战和突破，而赵炎平作为现场监造组组长，为"雪龙 2"号的成功建造作出了巨大贡献。

在"雪龙2"号的建造过程中，赵炎平凭借其深厚的专业知识和丰富的实践经验，为月池系统、智能船体、直升机航保系统、舱室精细化设计等工作提供了许多建设性意见。这些意见不仅为"雪龙2"号的顺利建造提供了有力支持，也为未来极地科考破冰船的研发提供了宝贵的经验和参考。

"雪龙2"号建造初期

除提出建设性意见外，赵炎平还与设计和建造单位紧密合作，共同攻克了船舶设计和建造中的一个个难关。他深知破冰船的研发和建造涉及众多复杂的技术和工程问题，因此始终保持严谨的工作态度和高效的工作作风，确保每一个细节都得到妥善处理。

谈起"雪龙2"号，赵炎平如数家珍。"它是世界上第一艘采用双向破冰技术的极地科学考察破冰船，采用总段建造法，先按照计算机建模方式，将船体分为 114 个分段，然后再将分段组成 11 个总段，11 个总段按照从艉向艏、从下往上的顺序进行合龙。我主要负责船体，具体包括总体、结构、外舾装、舱室。"赵炎平说，"参与新船建造，对我的个人能力来讲是一项巨大挑战。习近平总书记曾说，'素质是立身之基，技能是立业之本'。我现在要做的就是练就过硬本领，驾驭新技术，运用'雪龙2'号更好地服务我国极地考察事业。"

在"雪龙2"号交付后，赵炎平作为首任船长，肩负起了领导这艘先进极地考察船的重任。他率领团队，成功完成了第 36 次南极科学考察暨"雪龙2"号南极首航任务。

2019 年 10 月 15 日，"雪龙2"号从深圳启程首航南极，与"雪龙"号一起展开"双龙探极"。首航南极的一项重要使命，就是在中山站前沿

两船同时停靠国内基地码头（上海）

的固定冰区域为"雪龙"号开辟一条更近、更安全的运输线路,减少冰上雪地车运输和空中直升机运输物资的路程。虽然之前"雪龙2"号在我国海域开展了航行试验和科考试航,但是极地水域仍充满了未知与挑战。

如果"雪龙2"号在冰山群中被海冰卡住怎么办?进去后无法退出来又怎么办?冰山群中转向的空间够不够……首航前,赵炎平在脑海中预判各种可能发生的情况,并想出很多应对突发事件的对策。"虽然考虑了很多,但在破冰过程中意想不到的问题还是出现了。'雪龙2'号动力推进设备——吊舱轴桨密封出现严重串油,如果不及时解决就无法完成破冰试验,也无法为'雪龙'号开辟冰中航道,同时会引起轴烧融,最后导致失去动力。"这时,轮机长带领轮机部门青年骨干不分昼夜地查阅各类资料、联系设备技术人员分析故障原因,同时不断尝试破冰,并时刻监测各类参数,调整参数设置,经过几天几夜的努力,终于把故障排除了。

"双龙探极"——"雪龙2"号为"雪龙"号破冰领航

赵炎平说:"故障排除后,我们采用连续破冰和冲撞破冰的方式,用了 20 小时,破冰距离达 14 海里,为'雪龙'号开辟了一条更近、更安全的路线,大大提高了'雪龙'号的卸货效率,同时也完成了此次破冰试验,验证了'雪龙 2'号的破冰能力完全达到设计的各类指标要求。"

在大洋综合科学调查中,"雪龙 2"号船员就是科考队员。在他们的操作下,月池系统、重力活塞取样系统、物探设备和水下机器人等"雪龙 2"号配备的一系列国际先进的科考调查装备和科考支撑保障系统,获取了一批又一批珍贵样品和数据。

在南极恶劣环境条件下开展海上调查作业

2019 年 12 月 9 日，我国首次在极区宇航员海开展大洋科考，作业海域横跨 40 个经度、纵穿 5 个纬度，首次在密集浮冰区开展温盐深多参数海洋观测系统（CTD）作业，获取中国南极科考史上最长的柱状沉积物 18.36 米。在此次作业中，"雪龙 2"号船员集体不懈努力，扩大了我国在南极海域科考作业的范围，使我国极地海洋环境调查和科学研究的能力得到极大提升。

"雪龙 2"号此次完成为期 168 天的中国第 36 次南极考察任务并回到国内，创造了我国南极考察历史上"考察破冰船最晚在南极海域作业和返航"的纪录。"雪龙 2"号南极首航的成功，也标志着我国极地科学考察能力的显著提升，进一步彰显了我国在极地科学研究领域的国际地位。

在完成南极考察任务后不久，赵炎平又率队进行了第 11 次北极科学考察暨"雪龙 2"号北极首航任务。北极与南极是地球上仅存的两大未被大规模开发的净土，极地科学研究对于全球气候变化、生态系统和人类生存环境等方面都具有重要意义。在北极考察过程中，赵炎平和他的团队同样取得了丰硕的科研成果，为我国在北极科学研究领域的深入发展作出了积极贡献。

"雪龙 2"号作为我国自主研发的先进极地考察船，代表了我国极地科考船舶领域的最高水平。赵炎平的出色领导和团队的努力付出，共同开启了我国极地考察事业"双龙探极"支撑保障的新格局，可为我国未来极地科考事业的发展提供有力保障，进一步提升我国在全球极地科学研究领域的领导地位，为我国极地科考事业的发展奠定坚实基础。

赓续奋斗 勇毅先行

2014 年 11 月 18 日，习近平总书记登上"雪龙"号，对正在执行中国第 31 次南极考察任务的队员进行视察慰问。这不仅是对我国极地领域工作的肯定，更是对全体极地考察人员的极大鼓舞。

回顾这些年我国极地工作取得的成就，赵炎平感到十分自豪："这些年，我国极地工作实现了从小到大的快速发展。从极地装备看，'雪龙 2'号从深圳启程首航南极，与'雪龙'号一起展开'双龙探极'，开启了中国极地考察新格局。从极地科考看，我国多次组织开展了大规模系统性的专项调查，取得了多方面成果。"赵炎平介绍说，"我们还采购了第一架固定翼飞机，开展了大面积的航空科学观测，使我国极地航空调查和科学研究的能力得到极大提升。"

作为世界上少数能在极地独立开展考察并建立科考站的国家，中国自 1984 年首次踏足南极起，用了 40 年时间建立起较为完善的极地立体监测体系，形成海陆空立体化格局，打造出"两船六站一基地"（两艘极地科考船、六座极地科考站、一座国内基地）的极地考察保障格局，第 5 个南极考察站——中国南极秦岭站于 2024 年 2 月开站，科学探测的深度和广度也在不断拓展。

成绩的背后是一线科考队员们的坚守。科考船的船员们经受着大风浪、冰山、极地低温环境的考验，是什么力量支撑着他们？"南极精神！"赵炎平说，"'爱国、求实、创新、拼搏'是支撑我们面对挑战的精神支柱。无论遇到什么困难，国家的考察任务永远是第一位。人在船在，无论遇到什么情况，南极精神都会给我们激励和指引。"

踏上新征程，赵炎平认为，我国极地工作既有机遇也有挑战。虽然极地科技领域取得了一定的成绩，但是因为我们起步晚，有些关键核心技术还存在短板。习近平总书记在党的二十大报告中指出：加快实施创新驱动发展战略，加快实现高水平科技自立自强；以国家战略需求为导向，集聚力量进行原创性引领性科技攻关，坚决打赢关键核心技术攻坚战；加快实

"雪龙2"号接中国南极秦岭站建站队员回国

执行中国第40次南极考察任务的全体考察队员在"雪龙2"号前合影

施一批具有战略性全局性前瞻性的国家重大科技项目，增强自主创新能力。赵炎平说："极地工作也要进一步增强科技创新能力，提升科学研究的引领力和影响力。"

2024 年是习近平总书记视察"雪龙"号并作出"认识南极、保护南极、利用南极"重要指示 10 周年，是我国首次开展南极考察 40 周年，也是"雪龙"号入列 30 周年。赵炎平和他的团队对未来的极地工作充满信心："南北极考察虽然艰苦，但是背后有强大的祖国支持，没什么可以难倒我们。大家怀着对极地工作的热爱相聚在一起，在自强自立的信念支撑下，我们一定可以乘风破浪、行稳致远！"

（李铁源）

微信"扫一扫"观看视频

在山川高原，我把海讲给你听

——记中国海洋大学研究生支教团

飞越过山岗，风吹她脸庞，在山的那边，有海的波浪；飞越过时光，有一年最难忘，那一年她的种子正在成长……

——中国海洋大学研究生支教团

2001年，中国海洋大学首次参加青年志愿者扶贫接力计划全国示范项目，并从2002年开始向支教地输送志愿者。20多年来，支教团的足迹从贵州德江、遵义，到西藏山南、拉萨，再到云南巍山、绿春。截至2023年共计22届314名志愿者跨越山海，满怀信念和热忱接力奔向西部，在祖国和人民最需要的地方挥洒汗水。这群"海之子"们将魅力无穷的海洋文化带向山川高原，用蓝色梦想打开孩子们心灵的窗户，越来越多的孩子们眼中映现出"蓝色的海洋"，进一步完善了海洋教育资源，为海洋事业的发展注入了新的动力。

用一年不长的时间，做一件终生难忘的事，这是每一位支教团志愿者最美的青春誓言。自 2002 年起，来自中国海洋大学研究生支教团的志愿者将浪漫海滨的"海风"引向了贵州、云南、西藏的山川高原，这段弥足珍贵的山海情，也自此拉开序幕。

中国海洋大学第 1 届研究生支教团成员

以青春之名奔赴山海，将"海"的元素融入一二课堂

"踏上一列西行的火车，离开那个有海的家乡，遇见一座山，走进了小城，她种下一颗种子在泥土中……"

　　德江县，位于贵州省东北部乌江下游，是中国海洋大学研究生支教团二十余年支教之路的第一站。简陋的校舍、坑洼的道路、辍学的儿童、贫穷的乡亲，以及孩子们求知的眼神和父母无助的泪水……2002 年 8 月，由 3 名海大学子组成的第一批研究生支教团志愿者抵达德江县，当地教育水平和经济发展程度的落后令他们印象深刻。"西部山区的落后震撼了我，激励着我，教育着我，使我更加坚定了为当地教育事业作贡献的信念。"中国海洋大学团委书记张欣泉曾担任中国海洋大学第 1 届研究生支教团的队长，20 年前初到德江的印象依然历历在目。

2002 年，中国海洋大学第 1 届研究生支教团队长、贵州德江服务队成员张欣泉在辅导学生

　　赵媛媛是学校第 2 届研究生支教团的成员，她回忆道："大山里的孩子，他们看我的目光是怯怯的，但是他们的目光如山泉一般的清澈透明。"

2003 年 8 月，她初到德江时便被山里孩子的目光所吸引，但教学中遇到的挑战令她措手不及。"我在课堂上讲得声嘶力竭，可学生们依然瞪着一双迷茫的大眼睛；知识点强调了一遍又一遍，第二天课堂提问时又忘得一干二净……"赵媛媛感到失落。终于，在支教的第 4 天，赵媛媛的情绪失控了。她激动地向学生们讲述着对他们的期望，在他们身上寄托着的梦想，当然还包括对他们的失望。教室里出奇地安静，只有她沙哑的声音和几个学生轻轻的抽泣声。下午，当赵媛媛打开宿舍门，准备去上课时，被眼前的一幕震惊了——午后火辣辣的太阳底下，整整齐齐地站着 68 名学生，人手一份检查，一一交到她的手中并深鞠一躬……那一刻，她潸然泪下，意识到"只要方法得当，没有教不好的学生"。赵媛媛及时调整教学策略，结合学生们的学习基础和个人特点因材施教。除了白天上课，晚上批改作业之外，周末她还主动给成绩差的学生辅导，并进行家访，最终日积月累写下了 10 万字的支教手记。历经一年坚持不懈的努力，学生们的成绩有了很大进步，也更爱学习了。支教期满，回到中国海洋大学，学生们经常给她写信。有时因忙于学业回信不及时，孩子们就让家长给她打电话催问："赵老师，您什么时候给我们家孩子回信呀！"研究生支教团志愿者的付出收获了心与心的联结。

18 年后，参加研究生支教团的才霞来到了德江县。虽然在支教前接受过系统培训，也试讲过多次，但当她真正走上三尺讲台，面对人生中第一批"正式"学生时，她深感任重道远。才霞一边积极摸索上课门道，一边向有经验的教师学习教育方法和教学经验。日复一日，她很快就成了行家里手。在全县期末统考的生物考试中，她带的两个班级在德江县 156 个教学班中包揽了第一名和第二名，才霞也因此被评为德江县"优秀教师"。此外，她所讲的示范课程在德江县优质课评选活动中获得初中生物学科三等奖。初出茅庐的她用真心和付出赢得了当地教师的认可和学生们的喜爱。

"我不想我的 22 岁和我的 18 岁、19 岁、20 岁一样，我希望 22 岁的我在贵州能活得更有温度。"2020 年，王亦欣怀着"到西部去，到基层去，到祖国最需要的地方去"的青春理想，抵达了贵州省遵义市播州区乌江中学。从 2010 年起，中国海洋大学开始向乌江中学派遣研究生支教团志愿者，这是研究生支教团开展支教活动时间最久的服务地之一。他们的表现，在乌江中学做了 12 年校长的包强都看在眼里、感动在心里。"从第 1 届到现在，尽管他们在生活习惯、饮食等方面遇到了很大困难，但他们没有一个人打退堂鼓，没有人旷过一节课。"包强说，"正是因为有一届又一届支教志愿者的奉献，当地很多学生走出了乌江，走出了大山，实现了自己的梦想。现在乌江中学设立了以中国海洋大学冠名的'海大班'，学校的老师们都以上这个班的课为荣。"

从 2014 年起，学校研究生支教团云南服务队先后服务于云南省大理州巍山县文华中学和云南省红河州绿春县绿春一中。忆起一年的支教经历，第 16 届研究生支教团云南服务队的李燕妮用"收获"和"感动"总结。她说："我们收获着成长也收获着感动，感动在学生的一句评价'你是最好的班主任'，感动在家长的一句挽留'你再教孩子到初中毕业好不好'，愿下次在云南相聚，我与他们都成了更好的自己。"

袁也是学校第 19 届研究生支教团成员，她活泼幽默，善于和学生打成一片，学生们亲切地称呼她"小袁老师"。初为人师，她遇到的第一个挑战是每天的早读课，叫学生们"起床"，让他们集中注意力，不要打瞌睡。"每天与孩子们斗智斗勇，日子过得充实而快乐。"支教的那段时光，是袁也一直都怀念的日子。为了给当地的孩子们普及海洋知识、提升海洋意识，袁也和支教团的成员继续传承、创新海洋科普选修课——"在日光城听海"。在志愿者们生动翔实的讲解中，孩子们加深了对海洋的认识，也更加向往大海。

除了认真做好日常第一课堂的教学，志愿者们还积极发挥专业所长，开展了丰富多彩的第二课堂活动。

"他们上大学前很少接触汉语，而在西藏，一口流利的汉语会让他们在毕业后有更好的发展。"第 16 届研究生支教团西藏服务队队长李煜轩在日常教学之余自主开设公选课"沟通表达基础与进阶"，举办"同音同行，藏汉一家"藏汉双语志愿服务系列活动，提高西藏学生的汉语沟通和表达能力，帮助他们打破语言障碍，进行自信表达。李煜轩说："他们正在发生看得见的变化，我们的内心也颇有成就感。"

纸短情长，抵足而谈扣人心弦；谊切苔岑，虽天涯而若比邻。从海边"飞"来的一封信，将大学生和中学生联系在一起，一纸书信，陪伴彼此的成长，收获终生难忘的情感。"云端有信海上来"留守儿童书信陪伴项目，是研究生支教团发起的一项书信交流活动，旨在以一纸书信陪伴远方留守儿童的成长。用书信陪伴成长，分享学习生活中有趣的故事和经历，这是文字的碰撞，也是心灵的交流。截至目前，"云端有信海上来"留守儿童书信陪伴项目累计覆盖西部中学生和中国海洋大学志愿者 5000 余人次。一封封书信被收集起来，一份份爱与关怀也凝聚在一起。当小朋友们满怀期待地收到回信后，喜悦之情溢于言表，他们感受着来自远方哥哥姐姐们的关怀，这些承载着双方期待与喜悦的书信就像点燃的灯火，带给彼此光亮与温暖。

为了引领更多的孩子们关心海洋、认识海洋，第 23 届研究生支教团云南服务队为绿春县捐赠科普图书，近 1200 套海洋科普图书架起了传递海洋知识的桥梁，让学生在"书海"中感受海洋的魅力。在捐赠书籍的同时，志愿者们为学生们带来了精彩的海洋思政课和科学小课堂。国之重器"蛟龙"号艰辛的自主研发之路、多种多样的海洋地理环境、丰富有趣的海洋生物，都大大提升了支教地学生们对海洋的认知，激发了学生们探索海洋的热情。

"背着 STEM 资源包去支教"专题活动是青少年高校科学营中国海洋大学分营的特色活动之一，旨在培养青少年的科学精神、创新意识和实践能力。STEM 资源包中包含了实验器材、标本化石、书籍等海洋科普资源，第 22 届研究生支教团云南服务队依托 STEM 资源包在绿春县开展船模设计大赛、走近微观海洋世界、海洋生物标本科普、海洋科普书籍领读等系列活动，并在绿春设计建造"倚山听海·筑梦未来"海洋科普馆，为更多边远山区的孩子提供走近海洋、了解海洋的机会。

2022 年，贵州遵义服务队成员刘晓瑜给学生授课

每年暑期，研究生支教团还面向服务地中小学生开展"七彩假期"海洋科普小课堂志愿服务活动。立足德、智、体、美、劳五育并举的育人要求，为学生们精心设计多元形式的课堂授课和实践活动，授课内容包括海洋强国主题教育课、海洋知识科普课、海洋音乐文化课、海洋主题绘画课、海洋主题辩论赛等。"老师，大海是什么样的?"这是学生在课堂上提问次数最多的问题。志愿者为学生们带来一场特别的海洋绘画课，鼓励学生用画笔在长达 12 米的画卷中画出他们眼中大海的模样，用笔墨填满心中对海洋的向往。一场"人类更应该开发海洋资源还是更应该保护海洋资源"的海洋主题辩论赛，让学生们在辩论中增强爱护海洋、保护海洋的情感。研究生支教团希望能够通过潜移默化、寓教于乐的教学方式，提升学生的思考能力和动手能力，增强学生向海图强意识。

山海英语角、学生辩论赛、四点半课堂、"凤鸣之声"广播站等校园文化品牌活动拓宽了学生的视野，促进他们全面发展。"花蕾行动""幸福书单活动""微笑小屋""微笑百里行""百家全家福"等为农民工子女、留守儿童和困难群众送去青年一代的关怀和温暖。20 多年来，中国海洋大学支教团累计服务覆盖人数超 35 000 人，为支教地的教育提升、乡村振兴、扶贫济困和文化建设等作出了贡献。

作为学校第 15 届派出赴西藏的研究生支教团成员，李馥孜和队友经过细致的准备，策划开展了"当日光城遇上海洋——海洋文化月暨大型海洋系列文化宣传公益活动"，积极开展海洋知识讲座、"魅力海洋"公开课、"海洋之旅"学习交流、"藏海"书信交流等一系列形式新颖、内容丰富、特色鲜明的海洋科普宣传活动，为服务地学生提供了认识海洋、了解海洋的平台，实现了雪域高原与海洋文化的对接，搭建了增进民族情感的桥梁和纽带。

在开展"当日光城遇上海洋——海洋文化月暨大型海洋系列文化宣传

公益活动"过程中，支教团志愿者通过网络众筹帮助孩子们赴青岛开展"海洋之旅"学习交流活动，实现了跨越山海的双向奔赴。2018 年 6 月，支教团志愿者带着 7 名西藏职业技术学院的学生来到青岛开展游学交流活动。他们在海边追赶浪花，倾听海的声音，在青岛海洋科学与技术试点国家实验室看到了为海洋强国建设奉献的科研团队，在中国海洋大学学生创新创业实验室见到了敢于有梦、勇于追梦的创业达人。这是高原上的孩子们第一次离开西藏，一切都是鲜活的体验。

2018 年，中国海洋大学研究生支教团西藏服务队成员带领支教地
学生赴青岛开展"海洋之旅"学习交流活动

从"原来海洋这么有趣，我一定要去看看！"到"我去过青岛、去过中国海洋大学，那里真的很美，我一辈子也不会忘记！"西藏职业技术学院工艺品专业学生艾洛桑和队员们聊起那次改变了他人生轨迹的游学活动

时，依然掩不住兴奋。"我从没想过这辈子还会走出西藏，从没想过外面的世界竟然这么精彩，原来人生还可以有另外一种模样。"回校之后，艾洛桑备受鼓舞，继续努力学习，力争在所学专业奋斗出属于自己的一片天地。

学生们的真情流露和突出的活动成效，也让这个项目获得了第三届中国青年志愿服务项目大赛金奖、第四届中国青年志愿服务项目大赛全国青年志愿服务示范项目创建提名奖，并入选全国青年志愿服务优秀项目库，成为第一批入库项目。

2016 年，中国海洋大学研究生支教团西藏服务队项目获第三届中国青年
志愿服务项目大赛金奖（前排左四为西藏服务队成员李馥孜）

将丰富多彩的海洋知识和开放包容的海洋精神带到西部山川和雪域高原，让当地的学生有机会更加深入地了解海洋、关爱海洋、保护海洋，共

同守护好美丽的蓝色星球，这就是支教团志愿者的初心，而他们，也通过自己所学的专业知识和踏实努力的付出，实现了当初的目标，让越来越多的孩子们眼中映现出"蓝色的海洋"。他们的这些努力不仅完善了海洋教育资源，也为海洋事业的发展注入了新的动力。

以青春之姿担当奉献，将"海"的情怀贯穿扶贫帮困

"海风吹进偏远山区，润泽希望的种子；朝霞照进幼小心灵，陪伴孩子们一路学习成长。你们发起一场'爱的接力'，用一年温暖一生，诠释'海纳百川、取则行远'的真谛。你们以爱的名义，为青春献礼！你们是有责任有担当、新时代大学生的杰出代表！"2017 年度"感动青岛"道德模范颁奖典礼上，中国海洋大学研究生支教团被授予道德模范群体。典礼现场的颁奖词如是评价。

2018 年，中国海洋大学研究生支教团获评 2017 年度"感动青岛"道德模范群体奖

20 多年来，在这场"爱的接力"中，一届届中国海洋大学研究生支教团用真情焐热知识，把温度传递给学生，让大山里的孩子们知道为谁学习和怎样学习。他们在深入基层帮扶村民和开展特色服务项目的过程中，不怕吃苦、乐于吃苦，扶危济困、扶弱助贫，将社会各界的爱心与关怀融汇到小小的村庄中，续写着厚重的山海情缘。

怀揣青春誓言，2006 年 8 月，中国海洋大学第 5 届研究生支教团成员迟远达抵达西藏山南地区职业技术学校支教。初上高原，头疼脑涨、流鼻血等高原反应随之而来，迟远达谨记自己的使命与责任，咬牙坚持，第三天就走上了讲台。日久天长，西藏农牧民家庭的贫困令他震撼，怀着对西藏的深厚感情，他决心尽己所能帮助贫困家庭的孩子完成学业，获得更好的发展。教学之余，迟远达和队友深入到服务地的偏远山村，走访失学儿童，走进贫困学生的家，足迹遍布山南地区的 7 个县。西藏稀薄的氧气和强烈的紫外线对他的身体是严峻的考验，而西藏偏远山村交通的极度不便更是让他的每次行程都异常艰辛。他自备药物、食品，翻山越岭，寻找着需要帮助的孩子。"让更多的孩子能够安心读书是我不懈的追求，也是让我感到最幸福的事。"他乐此不疲。一年时间里，他与慈善机构合作，寻找并长期资助了乃东、洛扎等 7 个县的 154 名家庭贫困学生，当年资助额达 4.26 万元。他还用自己微薄的生活补贴捐助了两名小学生。为帮助西藏学生开阔视野，了解外面的世界，他和队友携手联系促成 30 多名学生与中国海洋大学师生结成对子，为促进西藏和内地交流，增进民族团结贡献力量。

"支教助学，名扬雪域""情系学子，捐资助学"……一面面鲜红的锦旗，一条条雪白的哈达是藏族人民对迟远达和队友工作的充分肯定。

"因为这个选择，西部的明天更加美好；因为这个选择，我们的青春更加壮丽"，在西藏支教的 365 天，迟远达写下了 365 篇支教日记，记录着他在"第二故乡——西藏"的点点滴滴，并将永远珍藏。

在贵州德江县有一条"海大路"和一座"海洋桥"，承载着中国海洋大学研究生支教团与当地的深情厚谊。德江民族中学与 326 国道之间有 800 多米路段基础已铺平，但由于缺乏资金，一直没有对路面进行硬化。晴天时扬尘满天，下雨时路面泥泞，当地师生和居民的出行十分不便。2003 年，第 2 届研究生支教团从青岛市公路管理局协调争取到 33.6 万元善款，用于路面硬化，解决了困扰当地群众的出行难题，当地人为表示感谢把这条路命名为"海大路"。2004 年 3 月，研究生支教团成员到煎茶镇石板塘小学走访时发现，从各村寨到石板塘小学的必经之路有一座小石桥，一场山洪将石桥冲毁，只剩下几个石桥墩立在河里，孩子们只能踩着这几个桥墩去上学，若是遇到下雨天，孩子们只能蹚水过河，十分危险。支教团的 5 名成员便从自己每月 600 元的生活费里，凑了 3000 元，一部分用于资助 10 名面临失学的孩子，一部分用于修缮被山洪冲毁的小桥。一个月后，中国海洋大学领导到德江慰问支教团成员时，发现修过的桥又被大水冲垮了，当即决定捐资 2.3 万元修一座水泥桥。为了表达感激之情，石板塘小学全体师生称此桥为"海洋桥"。

2007 年 5 月，第 5 届研究生支教团协助德江县教育局改造扩建新场村桂花组的教学点，大家一致决定将扩建后的小学更名为望海小学。"周明道老师在这个临时教学点代了 21 年的课，"第 8 届支教团的志愿者庾婧讲道，"三个年级、50 多个孩子，一个教室分成两半，周老师一个人承担所有的课程。"听到周老师的故事后，研究生支教团成员被深深地震撼了。这么多年来，周老师送出去的学生有很多已考上理想的学校，有的还考上了重点大学。在长年的教学中，周老师身体每况愈下，但他一直坚持给学生上课，直到去世前一晚还在给学生批改作业。2010 年 4 月，当周老师去

修建前

修建后

2004 年，中国海洋大学研究生支教团贵州德江服务队筹措资金修建"海洋桥"

世的消息传来，从第 5 届到第 9 届，共 5 届支教团的队员们自发地为周老师制作了一段视频《黔山深处敲犁声》，怀念这位给自己的精神世界带来震撼的乡村教师。庾婧说："周老师身上的理想主义，在物欲横流、灯红酒绿的大千世界中显得弥足珍贵！我想，贵州一年的生活，使我们知道了世界上还有人拥有最执着的理想和最朴素的精神，他把最宝贵的生命奉献给了大山深处的孩子们。"

2010 年，第 9 届研究生支教团在德江支教时，发现煎茶镇大路村的大土小学教学设施简陋，全校 117 名学生，仅有 4 名教师，不同年级的学生挤在一间教室上课，办学十分艰难。支教团多方筹集资金积极援建大土小学，为该学校修缮、硬化了 800 平方米原本坎坷不平的操场以及破旧不堪的露天厕所，还为该小学修建了操场上的主席台、台阶、乒乓球台等，购置了 50 套桌椅、黑板、彩电、音响设备、健身器材、校名牌等物资，极

2008 年，中国海洋大学研究生支教团赴望海小学转交中国海洋大学爱心捐款

大地改善了大土小学落后的教育设施及教学条件。大土小学为表示对中国海洋大学研究生支教团的感谢，将校名更名为山海小学，取支教团奉献西部、中国海洋大学与贵州山区山海情深之寓意。

在接续奋斗的支教路上，一届届中国海洋大学学子热心公益、无私奉献，望海小学、山海小学、海情小学等，一所所以"海"命名的小学，连接山海，传为佳话。

"海之梦"一帮一奖助学金是支教团的传承项目之一，志愿者们积极引入社会资源，20 多年来，在 100 余位社会爱心人士和多家爱心企业的帮扶下，共筹集奖助学金近 220 万元，资助 2500 余名学生完成学业；向服务地学校及周边小学捐助空调、桌椅、图书等价值近 100 万元的学习物资，极大改善了当地的办学条件。

支教团志愿者在开展一帮一奖助学金资助活动时深有感慨，家里捉襟见肘的窘迫和父母的艰辛，会是这些孩子一辈子难以释怀的亏负，但正因为有了党和国家在制度上基本保障了"不让一个学生，因家庭经济困难而失学"，在生活环境上，建档立卡贫困户的教育补助，新增、改扩建安置点配套学校，免费的营养午餐……给予了山区孩子们强有力的支持。而来自全国各地的人们，在很远的地方，也在关心、帮助着这些可爱的孩子。

"扶贫先扶志，扶贫必扶智"，这是决胜脱贫攻坚路上的题中之义。"水激则石鸣，人激则志宏。"在曾经的西部山区，那片贫瘠的土地上，支教团志愿者一棒接一棒，一代接一代，孜孜不倦地播种教育脱贫、创造美好新生活的希望，用爱心和智慧点亮万千乡村孩子们的人生梦想。

令第 18 届研究生支教团德江服务队的志愿者印象最深刻的是一个叫丽娇的小姑娘，在她很小的时候，母亲因为精神疾病离家出走，父亲因一场车祸丧失了劳动能力，在这样艰苦的环境中，她始终坚定地认为：只有好好读书才能走出大山，只有学到更多的本事才能为大山出一份力。丽娇是一个非常懂事的小孩，天刚蒙蒙亮时，她就早早起床给父亲做好饭，自己再跑着来上学。洗衣做饭、照顾家人……都是由这个瘦瘦小小的丽娇一个人完成的。在学校里，她的成绩一直名列前茅，遇到不明白的问题，总喜欢追在老师后边问清楚，英语发音不准确时，就常来支教老师的办公室，希望能学到更加标准的英语。"老师，你坐过船吗？""大海的尽头是什么样的？""老师，我一定好好学习，到青岛找你"……这个可爱又坚定的小丽娇，好奇着大山的那边，比镇上还远的地方，是怎样一番光景。

她向往青岛的大海，期待未来的人生，她的勤奋好学，她的乐观坚强，深深地打动着每一个人。

支教这一年，每位研究生支教团志愿者都真切地感受到了西部地区教育面貌发生的变化。一年年的接力帮扶，让孩子们好好读书的信心越来越足，对未来的憧憬也越来越明朗，教育精准帮扶不仅为阻断贫困代际传递奠定了坚实基础，也为全面建成小康社会作出了历史性贡献。

2011年，贵州省德江县委、县政府在给教育部发出的感谢信中写道："海大研究生支教团为促进德江县教育事业发展作出的贡献，赢得了人民群众的赞许和好评，对海大研究生支教团这种'爱心支教，践志愿精神；扶贫帮困，显大爱无疆'的力行深表感谢，并致以崇高敬意！"

一届届支教团志愿者们接续奋斗，在无私奉献当地教育发展和脱贫攻坚的实践中实现了自身价值。正如习近平总书记指出的："只有把自己的小我融入祖国的大我、人民的大我之中，与时代同步伐、与人民共命运，才能更好实现人生价值、升华人生境界。"

以青春之力接续前行，将山海情缘赓续传承新征程

在黔东北的大山深处、云南边陲小城、西藏雪域高原，中国海洋大学研究生支教团成员秉承"奉献、友爱、互助、进步"的志愿服务精神，二十余年如一日，扎根基层教书育人，写下了充满激情和奋斗的人生历程。同时，在向实践学习，向当地人民群众学习的过程中，他们丰富了阅历、磨炼了意志、增长了才干，可谓收获满满，情谊绵长。

"老师来我家吧""老师，你什么时候再回来""老师，你怎么不教我们了"……支教时光短暂，但那份"被需要"的自豪感却始终伴随着每

一位支教队员。同样令他们难以忘怀的还有当地学生和人民在细微之处展现的热情与温暖回馈：教师节时一束带着露珠的野花、悄悄放在窗台上带着湿润泥土的山芋、一张张支教队员的肖像画、一杯热乎乎的雪域奶茶、一份藏于怀中的热糌粑、几个挂于办公室门前的香热粽、一张张写满不舍的纸条贺卡……

"一年支教带给我们的财富是受益终身的。看到孩子们简陋的学习生活条件，我们艰苦一点又算得了什么呢？这一年的经历教会了我面对生活时的坚韧与感恩。"第 9 届研究生支教团成员马弋丁说。

"大海向往着大山，大山眷恋着大海，山海相连，山海相依，山和海原本是一家！祖国的东部和西部就好比一个人的左手和右手，祖国大家庭就是需要我们左手温暖右手，右手温暖左手！"2008 年 11 月，在贵阳举行的全国电视演讲大赛上，第 7 届研究生支教团成员牛晓把这段山海情缘讲给大家听，真情实感令人动容，最终她获得了一等奖。

"我想把自己的感动告诉更多的人，让他们和我一起感动，众人拾柴火焰高，我们一起帮助孩子们来圆梦！"返校后，牛晓继续把自己的经历与感动分享给周围的同学们。

支教团志愿者抵达的不只是千里之外的远方，更是内心最初的地方。他们不仅立足教学，认真做好本职工作，而且积极拓宽支教内涵，传承和发展了海洋科普、多彩课堂、推广普通话等一系列活动，用青春的火炬点亮山里娃的梦想。刘晓瑜说："世上没有远方，有爱便是故乡。"第 12 届研究生支教团成员陈昌昀在日记中写道："支教不是一届人的任务，而是一届届支教团肩负的使命，这里面有传承也有发展。"从这些发自肺腑的语句中我们看到，支教的那个山村、那座小镇，早已成为志愿者们无论多久都心心念念的故乡，因为这里承载着他们的青春梦想，有他们最牵挂的人和事。

在支教路上，有关青春的抉择、有关梦想的坚守、有关价值的实现，都记录着志愿者们的成长和变化。支教团志愿者在服务奉献中怀抱梦想，脚踏实地，收获成长。第 17 届研究生支教团成员王玉学感慨"年纪轻轻就成了一群有故事的人"让人羡慕；第 18 届研究生支教团成员王潇潇感叹"我不是在最好的时光遇见了你们，而是遇见了你们，我才有了这段最好的时光"。这些感慨表达了一届届志愿者们真实的收获。这样纯粹的"故事"和"最好的时光"是对青春最美的注脚。他们用青春的无悔抉择回应时代召唤，用踏实的点滴付出践行人生理想，生动地注解了支教不仅仅是帮助和奉献，更多的是收获和成长。

无际的海洋孕育着无穷的梦想，向山峰许愿，在深蓝相见。"老师，我一定会考上的！"这一份山与海的约定，见证了彼此的努力和成长。为了纪念中国海洋大学研究生支教团成立 20 周年，学校制作了一首属于研究生支教团的原创歌曲《山海》，并拍摄了主题微电影《山海》及同名 MV，获共青团中央、人民日报、央视新闻、新华网、中国青年报客户端等多家媒体宣传报道。而电影中的故事，正是真实发生在支教团志愿者和当地学生之间的故事。

"报考志愿的时候，我第一时间想到的就是去海大找我的支教老师，我履行了我们当初的约定。"2021 年 9 月，来自云南省大理州巍山县的陈荧楠来到中国海洋大学报到，这份山与海的约定见证了他们彼此的努力和成长，书写了最美的青春之歌。"是支教老师们鼓励我，让我拥有了无比坚定的信念——相信未来。"志愿者播下的那颗"希望"的种子，现如今已生根发芽、茁壮成长。

"至善西行跨山海，廿念不忘续初心"第十六期"校长下午茶"活动在贵州省德江县煎茶中学举办，时任校长于志刚与第 22 届研究生支教团贵州德江和遵义服务队队员们展开深入交流。志愿者们结合在服务地的工

2022 年，根据支教地真实故事改编，拍摄制作
微电影《山海》，创作同名歌曲 MV

作和生活经历，畅谈各自的感受与思考，支教初心、心路历程、感悟思考、热爱投入……于志刚聚精会神地倾听志愿者们的分享，关切地询问学生们的学习和成长情况，对于支教团成员认真上好每一堂课、关心帮助每一个孩子、通过争取支持为当地解决具体困难的努力和贡献表示肯定，他

勉励大家要发扬研究生支教团的好作风、好传统、好经验，躬耕三尺讲台，锤炼自身本领，把艰苦环境、艰巨任务作为磨炼自己的机遇，在实践中学习思考，在奉献中不断成长，用行动诠释"支教一年，自教一生"这句在支教日记中多次被提及的话语，在无私奉献当地教育发展和乡村振兴的实践中实现自身价值。

在中国海洋大学，赴西部支教已成为实践育人的重要举措。在支教队员选拔中，构建了"学院推优、综合测试、试讲面试"三级选拔体系。"学校共青团从整体上做好支教团志愿者实践学习的'大学校'，做到'拉手'和'放手'相结合，既加强管理监督，又给予适宜的发展空间，探索研究生支教团'接力服务、定期轮换'的长效工作机制，形成了从宣传动员、招募选拔、管理培训、跟踪培养、复盘总结到分享宣讲的工作闭环。"张欣泉说。

"听完支教团的报告，我深深被他们的事迹所感动，他们是我们的骄傲。看到西部落后的现状，我们更应该珍惜现在的学习环境，看到国家对西部教育的关注和支持，我们更应该好好学习、立志成才，用实际行动响应国家号召，为社会和人民作出自己的贡献。"许多中国海洋大学的学子将报名研究生支教团作为毕业后的选择之一。

为了铭记这段宝贵的人生经历，为了让分散各地的溪流汇入大海，为了更好地发挥研究生支教团的作用，2013年6月，中国海洋大学校友会研究生支教团校友联盟正式成立。作为学校第一个经历类校友分会，为服务校友发展、汇聚社会资源，继续发扬志愿服务精神，推动学校事业发展和服务国民经济进步架起了校友沟通交流的平台。

"通过支教工作，支教团成员在服务当地的同时也收获了个人的成长。他们将这些经历和感受带回海大、传递给师生，对于学校的人才培养发挥了很好的促进作用。"中国海洋大学校友会会长于志刚说。

2013 年，中国海洋大学校友会研究生支教团校友联盟成立

青春无问西东，岁月自成芳华。《十年支教路 千里山海情》和《廿载之约 共赴山海》两本书籍，记录着中国海洋大学研究生支教团志愿者的支教收获和成长经历。一个个温暖且有力量的青春故事，引领着更多中国海洋大学青年一同踏上这勇敢充实的青春旅程。"支教一年，自教一生"这句话，在中国海洋大学研究生支教团成员间经常被提及，已然是一届届支教团共同的心声。无论多少个十年，一届届支教团志愿者初心如磐，始终未变。

20 余年的坚守，中国海洋大学研究生支教团赢得点赞无数，亦获得诸多荣誉。2005 年，学校研究生支教团被中宣部、共青团中央评定为全国纪念五四运动 86 周年先进集体典型，并获团中央中国青年志愿者扶贫接力计划研究生支教团贡献奖。2009 年，学校第 10 届研究生支教团获得贵州省团委志愿者服务中心颁发的"优秀志愿者服务队"称号。学校报送的"十年支教路，千里山海情——中国海洋大学充分发挥研究生支教团实践育人作用"获 2011 年全国高校校园文化建设优秀成果一等奖。2016 年，学校第 15 届研究生支教团西藏服务队申报的"当日光城遇上海洋——海洋文化月暨大型海洋系列文化宣传公益活动"项目获得第三届中国青年志愿服务项目大赛金奖。2020 年，"乘风破浪的格桑花"项目

2020 年，中国海洋大学研究生支教团西藏服务队开展"乘风破浪的格桑花"
项目进社区活动，图为在恩海学堂开展趣味课程

获中国青年志愿服务项目大赛铜奖。2023 年，中国海洋大学研究生支教团"在日光城听海——海洋科普和高原思政的融合"项目获得第六届中国青年志愿服务项目大赛金奖，并获评第十四届中国青年志愿者优秀项目奖。

"在日光城听海——海洋科普和高原思政的融合"项目开展情况

"飞越过山岗，风吹她脸庞，在山的那边，有海的波浪，飞越过时光，有一年最难忘，那一年她的种子正在成长……"

这群从海边来的志愿者，乘着"青春号"的帆船，飞翔在山海间，在相距千里的"第二故乡"，将海的博大、海的浩瀚、海的无垠讲给孩子们听，转眼间，二十余年星火成炬，点亮了青春接力二十余载的山海情长。

从美丽的滨海岛城到云贵藏的西部大地，在接续奋斗的历程里，承载了 314 名青年人无悔、充实、温暖的青春记忆，他们在这片土地上看到了更广阔的天地、更真实的祖国，用青春接力诠释了新时代青年的责任与担当。山中桃李开了一茬又一茬，支教志愿者走了一届又来一届。尽管没有人知道，这场接力赛何时结束，但他们都坚信用一年时间，做一件可以影响一生的事，这是值得的！

（胡永春　周星宇）

微信"扫一扫"观看视频

西沙是我的第二个家

——记海军西沙某水警区中建岛守备部队分队长邱华

当你真正处在最前沿的时候，才会真正明白，眼前就有敌人，脚下就是阵地，身后就是祖国。祖国对每一个前线哨兵来说，是这么具体和真切！

——邱华

　　邱华，男，汉族，福建连江人，1979 年 3 月出生，1999 年 12 月入伍，2003 年 6 月入党，海军西沙某水警区中建岛守备部队分队长，海军二级军士长军衔。新兵下连分配到西沙至今，邱华在海岛驻守 24 年，在各项比武竞赛中奋勇争先，圆满完成一系列重大任务，先后荣立两次三等功，两次获"全军士官优秀人才奖"二等奖，2018 年当选为"海军转型路上好士官""海军转型精英人才"，2019 年作为军队英模代表受邀参加中华人民共和国成立 70 周年国庆阅兵观礼。2021 年，邱华被海军评选为重大宣传典型人物，其事迹多次被中央级新闻媒体宣传报道，受到军内外广泛关注。

有些人如洪钟大吕，耳闻之成声；有些人如山间皓月，目触之成形。但又矮又瘦又黑的他，却如同海岛一棵普通的马尾松，深深扎根在"南海戈壁"。他就是西沙中建岛守备部队分队长、二级军士长邱华。

24 载守岛戍边，白沙滩上"祖国万岁"的巨幅标语见证了他的赤诚，温柔咸润的海风将他的事迹传说。与海为伴，以岛为家。面对守岛生活的孤寂，他像马尾松那样，即使环境贫瘠枯燥，也要茁壮成长。人字有两笔，一笔是执着，一笔是放下。妹妹意外身故，父亲去世，母亲患癌，在一次次沉重的打击面前，他像马尾松那样，即使恶浪狂涛袭来，也要坚强面对，屹立不倒。站在最前沿，脚下是阵地，身后是祖国。他目光如炬，极目海天，激情澎湃的八千多个日日夜夜，闪烁的光点，微弱的回波，都逃不过他的双眼，创造了"零失误、零差错"的骄人业绩。不忘初心，牢记使命。他用平凡的坚守，顽强的奋斗，诠释了一种精神叫"爱国爱岛、乐守天涯"。

正在巡逻的西沙官兵

在西沙守岛 24 年，邱华参与并见证了一代代西沙官兵用鲜血和汗水共同浇铸西沙精神之花的过程，深切感悟了西沙官兵扎根"南海戈壁"的坚韧，建设"南海堡垒"的刚毅，收获"爱国爱岛天涯哨兵"荣誉称号的光荣与自豪！

爱国爱岛的忠诚品格

邱华曾经看到这样一句话："如果没有印上五星，国旗可能就是一块普通的红布；如果没有刻上'中国'，界碑也许就是一块平凡的石头；如果没有到过前线，国家在你心中就不会那么清晰。"在西沙，到处都有这样的标语——"上岛就是上前线，守岛就是守阵地"。

1999 年，邱华梦想着成为一名驾驭战舰驰骋大洋的水兵，瞒着家人来到县城从军报国。2000 年 2 月，邱华第一次踏上西沙，正值台风季节，补给困难，吃了整整一个多月的雪菜罐头。上半月有菜吃，下半月"断粮"，对于当时的岛礁部队来说就是家常便饭。当理想与现实有了巨大的落差，"我是该走，还是留？"邱华的内心也曾有过疑问。

很快，邱华的内心有了答案。2000 年 11 月，邱华正驻守在西沙珊瑚岛，老班长刘正深退役离开西沙时的一幕让邱华对守岛有了不一样的想法。刘班长抱住主权碑，泪水夺眶而出；舰船起航时，他突然跑到船边，身子趴在船舷上，对着码头的方向使劲挥舞着双手，高喊："祖国我爱你！西沙我爱你！"喊得声嘶力竭，喊得泪流满面。船出港了，人看不清了，岛上官兵还能听到他的呼喊声。此情此景，让邱华的内心如海浪澎湃——要留下来，要看一看，到底是什么让老兵对小岛如此不舍？

慢慢地，邱华了解到 1974 年发生在西沙群岛的那场海战，了解到他驻守的珊瑚岛周边海域正是当年的主战场，甚至珊瑚岛当年曾被南越侵占，在敌舰吨位数倍于我军的情况下，是英勇的人民海军冒着炮火，殊死战斗，小艇打大舰、海上拼刺刀，从敌人手中收复珊瑚、甘泉、金银三岛，人民海军 18 名官兵英勇牺牲，至今长眠于琛航岛烈士陵园；珊瑚岛上还有"法国楼""日本楼"，那是当年侵略者占岛留下的罪证。屈辱与荣光，仿佛穿越回了历史现场，那一刻邱华被深深震撼，强烈感受到使命的召唤。"天涯哨兵"的责任与担当，在邱华的心里扎下了根。

这一扎根就是 24 年。"这期间，我也曾想到过离开。"邱华坦言。那是 2003 年的一天，邱华在岛上接到电话，惊悉妹妹被歹徒杀害的噩耗。电话里父母悲痛的哭声，让他恨不得立刻飞回去。可是，交通船偏偏因寒潮不能出航。邱华急得嘴角起了泡，直到 11 天后才回到家中。

归队后，邱华情绪低落，每天独自绕着小岛转圈。是战友们一句句暖心的话语，组织的一次次真情援助，让他渐渐摆脱了失去亲人的痛苦。驻西沙部队首长和机关多次向地方相关单位发函协调，经过军地共同努力，凶手最终被绳之以法。心情渐渐平复后，邱华坦言："我要对党感恩一辈子。"

然而，命运对邱华的考验并没有结束。邱华的父亲因承受不了痛苦，有一天悄然离家出走，几年后找到时已是一堆尸骨；邱华的母亲又被查出患有鼻咽癌……

面对接连而至的打击，邱华迷茫过、消沉过，甚至"觉得生活的路走到了尽头，在部队待不下去了，一度想到提前退伍"。

"我们一起来承担！"一次次，水警区领导找邱华促膝长谈开导他；一天天，战友们轮流陪伴他；一回回，官兵们慷慨解囊各尽所能帮助他……"不幸中的万幸，遇到了最可爱的战友，他们的关爱和帮助，让我渡过了难关，让我成为内心强大不会被任何打击打倒的人，也让我更加懂得了家国情怀。"

怀着感恩的心，邱华刻苦训练，成为一名出色的通信兵。有一天，单位领导突然问他："想不想去西沙最艰苦的中建岛?""既然扎根西沙，为何不到最艰苦的地方去锻炼成长?"邱华打起背包，一头扎进中建岛，成为这里的通信班长。

邱华在调试设备

早期，在西沙特别是在中建岛驻守是异常艰苦的。中建岛是"沙岛、火岛、风岛"，这里只有海水，没有淡水。2009 年，"凯萨娜"超强台风夹带风暴潮袭击中建岛，海水倒灌营区深达 60 厘米。当时邱华和战友们撤到碉堡里整整 36 小时，海浪在围墙外疯狂地席卷，他们只能眼睁睁地看着岛上养的猪、鸡、鸭等从面前漂过，却不敢去捞。如果再涨一点，营区就真的要淹没在海水里了。2013 年，超强台风"海燕"同样把营区袭击了一遍，海水倒灌营区甚至深达 80 厘米，柴油发电机进水断电。更可怕的是，海水直接灌到饮用水蓄水池里，喝的水、炒的菜都不用放盐巴了；被污染的淡水，他们整整喝了 20 多天！至今，中建岛仍有新兵上岛吃忆苦饭（海水馒头）的传统，驻岛官兵也一直保持收集空调水的习惯，用来洗衣服、打扫卫生。在岛上，邱华最喜欢的事情就是下雨天收集雨水，还可以洗个天然的"雨水澡"。人们说，生存环境越恶劣，生命迸发的火花就越绚丽，邱华正是在与大自然的抗争中诠释着生命的意义，绽放自己青春的光芒，就像一棵扎根中建岛的马尾松一样，在艰苦环境中扎根，在平凡中坚守，在坚守中绽放，守住了脚下的沙，看好了眼前的海。"爱国爱岛"已深入信仰，"乐守天涯"已融入信念，"为祖国当卫士"已成为信条。守岛条件艰苦，吃住简陋，遇到"凯萨娜"超强台风时中断补给 23 天，没有新鲜蔬菜吃，餐桌上仅有"老三样"——腐竹、海带、粉丝，邱华和许多官兵一样，患上严重的口腔溃疡。面对生活之苦，他从不抱怨，认为既然选择了从军，就不能怕吃苦。怀着对家人的思念，有喜事和大家一起分享，有困难大家一起出谋划策，建立起风雨同舟、同岛共济的深厚情谊。

驻岛的日子，除了训练，邱华做得最多的一件事就是学习。邱华喜欢读《毛泽东选集》，并以实际行动争当好战士。他还认真学习习近平新时代中国特色社会主义思想，特别是习近平强军思想，自觉听党话、跟党走，大力弘扬"爱国爱岛、乐守天涯"的西沙精神。身处沧海孤岛，远离祖国大陆，没有信仰支撑很难扎下根。信仰不是凭空天生的，而是靠党的创新理论的滋养。邱华注重理论武装，始终跟进学习习近平重要讲话精神，努力提高自身科学文化素质，并通过"中建大讲堂""中建故事会""战位小课堂"等官兵教育平台，宣讲新时代党的创新理论。2018 年，邱华作为"西沙精神宣传团"成员，受邀参加第六届"英雄父母首都行"活动，讲好西沙故事，让西沙精神走向北京。2020年以来，邱华作为先进军士代表和兼职理论教员，先后 6 次参加南部战区海军陆勤营连主官集训交流授课，在广大官兵中宣传西沙精神，受到一致好评。学习力就是战斗力，他主动学习，先后完成了"人事管理"大专课程，独立完成 1 篇 8000 多字的论文，并取得法律专科和法学本科学历；积极向各类报纸杂志投稿，其中 2 篇被刊登在《人民海军报》，部分作品被编入《我是西沙人》一书。邱华通过自学成才，较好地改善了自身的知识结构。作为"岛龄"最长的兵，每当新兵上岛，都由他带领种下第一棵"扎根树"，到荣誉室听他介绍单位建设史，重温艰苦奋斗史，使每名同志都在心中扎下"爱国爱岛"的根。新兵入营仪式上，邱华总是给最年轻的列兵授枪，对其提出守好岛、建好岛的殷切期望；入党仪式上，邱华总是给预备党员领誓，让他们感受到庄严的神圣感和崇高的责任感。在单位，邱华是让领导认可的好骨干，是官兵信赖的好骨干。而对于家庭，邱华却总觉有太多亏欠。

邱华把读书学习当成一种追求

"我们分居的时间太久了!"妻子许赛香这句话,令邱华瞬间泪流满面。

"我很想爱你,可身在天涯,只能看着,苍翠的马尾松,摇曳着风姿,冷夜里发出万种风情。"他用笔尖饱蘸浓烈的爱和情,写下长诗《我很想爱你》。

许赛香不止一次说过:"你守卫的地方那么美,我想去看看。"这个要求并不过分,各级都非常关心守岛官兵家属上岛探亲事宜,各小岛都建有临时来队家属房。可邱华还是狠心拒绝了。"我怕她知道这里有多苦之后,动摇我守岛的意志。"邱华憨憨一笑说。他宁愿这片最美沙洲只存在于妻子心中。

心有愧疚,但不后悔。

邱华今年45岁,守着西沙这片"祖宗海"24年,他早已把自己的情感深深地融入西沙这片热土中,"爱国爱岛"这份沉甸甸的责任更加坚定了他守岛的信念。2011年,邱华有机会转业到地方国税局;2019年,他又一次准备转业,但每每面临"走"和"留"的选择时,他总是怀着对西沙的深厚感情和对身上军装的不舍眷恋,一次又一次选择留在了部队。24年来,他用青春和汗水践行自己上岛时许下的誓言:努力当好一名"天涯哨兵"。

邱华与战友为主权碑描红

守岛控海的打赢本领

中建岛周边海空情况十分复杂。在 2016 年 1 月 30 日美军"柯蒂斯·威尔伯"号导弹驱逐舰未事先通报，强闯中国西沙群岛中建岛 12 海里区域。当时，岛上雷达在毗连区外发现一艘可疑船只正在驶近，经观察比对，邱华准确地判定对方为美舰。在请示上级后，他用英语对其发出郑重警告，并严格按照规定要求不间断地对其警告驱离，配合我方舰艇应对美舰，有力地维护了我国领海主权。在应对他国不明渔船侵权挑衅等各种情况时，邱华和战友们第一时间发现情况后，对目标进行查证、警告、驱离并跟踪监视，争取了军事和外交的主动。

邱华正在执行观察任务

邱华和战友们时刻牢记习近平主席关于维权与维稳相统一的指示要求，牢固树立"上岛就是上前线，守岛就是守阵地"的战斗意识，自觉强化政治意识、前线意识、堡垒意识，严格执行海空情况处置规定，果断、及时、正确处置各种海空情况，面对强敌毫不退让、时刻绷紧备战打仗之弦。2019年4月，邱华所在的单位被海军表彰为"人民海军70周年突出贡献单位"。

邱华深知中建岛战略地位重要，能否及时发现和正确处置敌情，直接关系到国家主权安全和海洋权益的维护。他着眼南海海空敌情复杂、西沙地理位置特殊的现实情况，坚持一边苦练刺杀、搏斗、射击等守岛技能，一边提升提前预警、精确判别等控海专业素质，熟练掌握了多种专业技能，梳理了岛礁信号通信存在的问题，专门撰写了信号通信论文并用于实践，进一步提升了部队信号专业组训能力。作为通信分队长，邱华在工作中时时、处处、事事以身作则，样样工作都想在前、干在前，主动协助连队领导做好官兵的思想工作和技术培训工作，高标准完成各项任务。针对通信线路繁多的现实情况，他将每条通信线路牢记于心，定期带领分队人员逐个部位、逐条线路排查，消除故障隐患上百起，完善全岛各战位通信设施，确保岛上重要部位和指挥所线路畅通。邱华还结合自身工作经验和单位实际编写《通信机线设备工作手册》，并利用业余时间自学英语、国际信号等方面的知识，拍摄了500多分钟的教学视频。这份教学视频成为信号专业培训教材。

信号班的任务是确保海岛的通信联络时刻畅通。班里人少任务重，常需连续值班数日，邱华就干脆吃睡都在战位上。中建岛附近是国际航道，来往舰船多，海区情况复杂。为精准高效地对过往目标实现全发现、全识别、全上报，邱华多年来积累数千组目标数据，梳理总结多种舰船处置办法。近年来，官兵海空目标发现率、及时率和上报率均达100%。邱华始终把备战打仗作为职责使命。在中建岛，邱华和战士们日日听涛、天天看海，却不敢有片刻懈怠。只因海天一线间暗伏刀光剑影，埋藏隐隐杀机。

2013 年秋天，超强台风正面袭击中建岛，又逢涨大潮，致使海水倒灌，营区篮球场水深齐腰，通信设备"全军覆没"。台风过后，为了与上级恢复联络，邱华系上安全绳，迎着五六级大风，站在信号台顶立身为塔，连续数日用灯光和手旗与停泊在海区的我方舰艇联系。一天夜里，邱华突然发现一艘外籍船只正向中建岛靠近。他准确判明其身份，及时发出警告驱离信号，全岛拉响警报进入一级战斗部署。半夜时分，这艘船企图强闯我领海，被再次驱离。谁知，它仍不肯善罢甘休，不一会儿又偷偷逼近，第三次遭驱离。直到完成全岛地毯式搜索，邱华悬着的心才落下……这样的不眠之夜，守岛官兵不知经历过多少。

没有七分英雄胆，休上中建白沙滩。为实现由"守备队"向"特战队"的转变，官兵建起了珊瑚沙地综合训练场。无论烈日炎炎，还是风雨交加，他们经常在白沙滩上苦练以海岛攻防为战术背景的野战技能，提升岛礁生存能力和要点夺控能力……

正在训练的邱华

作为"岛龄"最长的兵，邱华始终冲锋在前。队长范期宏至今还记得自己当初与邱华较量的情形：本以为自己来自海军陆战旅，战斗体能是强项，又比邱华小好几岁，赢他十拿九稳。结果，一场较量下来，范期宏服了！指导员白军飞回忆说，一次高难度战术训练时，考虑到邱华腰伤新愈，让他别参训了。"不行！别人做到的我也能。"话音未落，邱华已走上训练场，完成了一个"前滚进"动作。

当某国军舰骄横地擅闯中建岛附近海域时，这座不起眼的小岛上，邱华配合我方应对舰艇，用英语对外军舰艇发出郑重警告，要求该舰立即离开。

"当你真正处在最前沿的时候，才会真正明白，眼前就有敌人，脚下就是阵地，身后就是祖国。"邱华说，"祖国对每一个前线哨兵来说，是这么具体和真切！"

"有了这样的认知，邱华才能24年如一日，坚持做一个好兵。有这样思想境界的人，才能成为中国军队的脊梁！"战友们如此评价邱华。

邱华在信号战位工作20多年，参与执勤7500多天，始终保持高度警惕，履行好使命职责，稳妥处置突发海空情况100多次，多次及时有效地应对外舰擅闯西沙领海等重大特情，编写相关工作手册多篇，为处置海空情况规范了程序。他还编制了《民用船舶信息表》，建立了常见外籍船只数据库，不但登记类型、国籍等要素，还把其颜色、国旗悬挂位置、有几根桅杆等要素都详细地记录下来，可以说只要它们从这里经过一次，都会留下"痕迹"；至今积累了上千个目标数据，留存大量取证图片和视频资料，为日常值班判情提供了可靠的数据支撑，得到各级指挥员的高度肯定。西沙中建岛作为海上航线的重要节点，每天都有数十艘国际远洋货轮自岛边航线经过。对过往的每艘船只，邱华都会认真提醒，引导轮船安全航行，有力地保证了中建岛周边航线畅通。

邱华在向战友们传授训练经验（一）

邱华在向战友们传授训练经验（二）

当好"天涯哨兵",守好"祖宗海",这是军人应尽的职责。虽然海岛条件相对比较艰苦,但只要你把使命看得比天高、比命重,无论苦还是累,你都会克服一切困难,训练热情高涨,苦练胜战本领。这样的认知伴着邱华每一天,而且一天比一天更强烈。这些年,在大海波涛里洗礼,在炙热的沙滩上锤打,在台风寒潮中磨砺,邱华把自己淬炼成守卫祖国的一把尖刀利刃,也收获了许多荣誉,三等功、十佳天涯哨兵、优秀共产党员、全军士官优秀人才奖……但他却说,自己最大的荣光是"把人生的支点建立在祖国的最前线"。

保护海洋的担当作为

面对西沙有名的风岛、火岛、沙岛,茫茫"南海戈壁"的白沙滩上,是马尾松给这荒岛带来了郁郁葱葱的绿色。邱华和驻中建岛的其他战友一样,在登岛的第一天都栽下自己心中的那棵马尾松,像它一样不怕环境恶劣,不被困难吓倒,狂风吹不倒它,海水淹不死它,烈日晒不坏它,立志扎下根为中建岛带来一片盎然生机。

邱华在南海岛礁工作的 24 年,始终坚定守岛初心、以岛为家、甘于奉献,把保护海洋海岛生态当作重要使命职责,为建设"美丽中国"积极贡献力量。他主动学习海洋知识、环保知识以及海洋保护法,制作本岛动植物宣传手册,引导大家树立保护海洋生态环境人人有责的意识。邱华大力发扬乐守天涯、自家自建的优良传统,积极参与"绿化海岛、美化家园"活动。面对中建岛高盐、高湿、高温、日照强、多台风、多寒潮和缺淡水等恶劣生存环境,他和战友们以"学习当年南泥湾,建设今日白沙滩"的革命乐观主义精神,顶烈日、冒酷暑、抗台风,植树造林,防风固沙,与恶劣自然环境作斗争。

中建岛缺少泥土，整个西沙都缺少泥土。中建岛曾经号称"南海戈壁"，是一个珊瑚岛，不具备植物生长的条件。原来岛上草都没有一根，更不用说树了。不解决土的问题，不要说草，就是人也难以生存下去。不知从何时起，中建岛定下一条规矩：凡是上岛的人都要带一包土来。官兵们无论探家、出差，上岛后，都带回家乡的泥土：有西北的黄土，东北的黑土，也有岭南的红土。后来，上级首长来视察，机关工作组来指导，也都自觉地背着一包土上岛。邱华至今都对当年背土上岛的事情记得很清晰。2006 年，邱华从福建老家休假归队，回来的时候带了十几包蔬菜种子，还有用蛇皮袋装着的一大袋泥土。他带着那一大袋泥土上火车的时候，周边乘客纷纷投来疑惑的目光。乘务员在得知邱华是为了建设西沙群岛的情况后，主动把自己的休息室腾给他，这一幕，让当时没买到坐票的邱华感动不已。如今，中建岛上已建成 300 多平方米的人造菜地，土层已达一米多厚，按照祖国地理分布，分别标出了北京、辽宁、江苏、河北、河南、江西、湖南、广西、广东等省、自治区、直辖市的地名。中建岛的泥土是官兵们一袋一袋背上来的，岛上的土地是官兵们一寸一寸堆出来的。他们不忍心让土壤被海浪冲走，就在四周筑起了一条条堤坝，搭盖防晒网，使菜地达到了"防台风、防暴晒、防海水"的"三防"要求。但是，中建岛经常受到台风的正面袭击。一次特大台风横扫中建岛，葱绿的菜地直接成了"晒沙场"。这些大家都已经司空见惯了，目睹菜地一次次被毁，虽然大家都很难过，但从不悲观。台风过后，邱华对着身边的战友说："台风刮得再频繁，总有空档期，刮烂了我们重新建，再刮烂我们再重建。台风可以刮烂我们的菜园，但摧毁不了中建人的意志！"大家又一次次投入到重建菜园的工作之中。如今，中建岛的菜园里一片葱绿，瓜菜满棚，硕果累累，官兵们的餐盘里天天有绿。邱华深有感触地说："在中建岛种菜不仅是看收获多少，更重要的是磨炼意志，体现的是中建精神，感受的是官兵对这片土地执着而深厚的情怀。"

中建岛缺少树木。邱华上岛之初,岛上植被稀少,鸟类没有栖息之地。他带领大家利用业余时间护林种树,种植海马草 5000 多平方米、椰子树 100 多棵、马尾松 1000 多棵。俗话说,"十年树木,百年树人"。其实更贴切地说,中建岛是"百年树木,百年树人"。面对光秃秃的沙滩,中建岛官兵就一茬接一茬地植树种草。每一次遇到超强台风,岛上的树木都要经历一次劫难,种了常死,死了又种;好不容易树苗成活了,可是台风一来,有的被连根拔走,有的被拦腰刮断,有的只剩下一根光杆……邱华心疼得掉下眼泪,有的战士气得一屁股坐在沙滩上,想甩手不干了。邱华对大家说:"种下的是树,更是一份忠诚信念和一颗颗爱国爱岛的种子。"烈日当空,邱华带领战友们在围墙、楼房的四周种下新树苗,拣回大大的蚌壳和礁石,为树苗搭起挡风墙;用椰皮、草席、床板给树苗搭起凉棚,每天用淘米、洗菜、洗脸的水细心地浇灌;台风到来之前,支起木桩固定树身,加固挡风围墙……终于,经受了缺土、缺水、烈日、台风等严峻的考验,"扎根树"成活了!"南海戈壁"上长起一片生机盎然的绿荫。

将"党旗""国旗"种在沙滩上,将信仰种在心中。中建岛的白沙滩上有一抹鲜艳的红色,仔细看,更有"党辉永耀""祖国万岁"八个鲜红的大字熠熠生辉。中建岛号称"南海戈壁",最初这里只是一片白茫茫的沙滩。2002 年,老一辈中建人通过肩扛手抬,从礁盘上搬来 20 余吨礁石,在白沙滩上砌成"祖国万岁"四个大字。每当巡逻到此,邱华都感到无比自豪,它成了官兵们的精神坐标和对祖国的感情寄托。可没想到,2009年超强台风"凯萨娜"过境中建岛,卷走了近 60 厘米厚的珊瑚沙,用礁石砌成的"祖国万岁"字样,也被吹得无影无踪。事后巡逻到这里时,大家感到心里空落落的。后来,邱华和战友们发现海马草生命力特别顽强，既耐高温又抗盐碱，和中建人不屈不挠、顽强拼搏的精神很相似。邱华和战友们说干就干，一个月后，终于用马尾草栽种出了"祖国万岁"字样。石字变草字，"祖国万岁"再次映入眼帘，令邱华无比珍惜、倍加爱护，把对它的精心呵护作为对祖国母亲最真挚的告白。

2012 年夏天，党的十八大临近，又正逢中建岛守备部队被中央军委授予"爱国爱岛、乐守天涯"荣誉称号 30 周年，邱华的内心十分激动，和战友们一起思考该如何牢记荣誉、如何向党的十八大献礼。看着白沙滩上的"祖国万岁"和旗杆上飘扬的国旗，官兵们达成了一致意见——在白沙滩上种一面"国旗"。全队官兵利用休息时间，花了 25 天用海马草把"国旗"图案种在了白沙滩上。训练之余，邱华总喜欢去"国旗"旁边坐一坐，顺便清理下杂草和枯枝；巡逻时，他每次经过"国旗"都会肃然起敬，停下来面向"国旗"庄严地敬上一个军礼。巨大的"国旗"不仅种在了白沙滩上，更种在邱华的心里！邱华心中对祖国的大爱情怀不断升华，保家卫国、乐守天涯的坚定意志不断升华！

党的十八大以来，国家取得了历史性成就，军队建设快速发展，岛上的生活也发生了巨大的变化：4G 网络的普及，让身处小岛的邱华每天都可以和家人视频聊天，远在天涯，也近在咫尺；安装的海水淡化设备让官兵们摆脱了洗"岛水澡"的日子，告别了皮肤病频发的历史；伙食也得到了更好的保障，生活条件得到了极大的改善。见证了中建岛变迁的邱华感触颇深，满满的都是幸福感、获得感。2019 年，是中华人民共和国成立 70 周年、人民海军成立 70 周年的特殊年份，邱华和战友们在"国旗"前面种上了一面"党旗"，在"祖国万岁"前面种上了"党辉永耀"，以表达正是因为有了中国共产党的领导才有今天国家昌盛、民族兴旺、人民幸福的理性认知，也表达坚决听党指挥的铮铮誓言。两面巨型"旗帜"的尺寸在 6 号旗帜的基础上扩大 100 倍——两个 100 倍，寓意着中建岛官兵时刻谨记"两个一百年"的奋斗目标。

用海马草种的"党旗""国旗"特别精妙，它茎红叶绿，高温时叶子会脱水变红，"党旗""国旗"就会变成鲜艳的红色；寒潮季节，被海水浸泡的海马草又会吸水转绿，"旗帜"又变成一片碧绿——红色象征党和国家长红，绿色象征党和国家长青。邱华平时巡逻、训练、散步都要经过这里，每次看到它们，总觉得"人在岛在国旗在"是那么实实在在。

西沙中建岛官兵用海马草种的"党旗""国旗"：党辉永耀，祖国万岁

到了 21 世纪的今天，中建岛缺淡水、泥土和树木的境况有了较大改善，但与大陆的生活条件相比还是存在巨大的差距。邱华和战友们还是像马尾松那样，不怕环境艰苦，不被困难吓倒，立志扎下根为中建岛带来一片盎然生机，像礁石一样始终坚守中建岛，"爱国爱岛听党指挥"的坚定信念从未改变，无愧于"爱国爱岛天涯哨兵"这个光荣称号。

中建岛周边就是国际航道，每天有多艘国际货轮经过，每天都会有大量印着各国文字的垃圾在海浪的推动下冲上中建岛的沙滩。大风裹挟白色垃圾飞到岛上各个角落，从空中俯瞰，美丽的海岛被海洋垃圾破坏得面目全非。针对海洋漂浮垃圾对岛礁环境的破坏，邱华主动带头清理沙滩垃圾并严格进行垃圾分类，还组织大家学习垃圾分类知识和处理方法，结合"环保日"发动官兵定期捡拾海洋垃圾，分类处理生活垃圾。近年来，驻岛官兵捡拾处理海洋垃圾累计约 8 吨，有效地维护了 1.2 平方千米岛礁白沙滩的整洁面貌，为改善周边海洋生态环境付出了巨大心血，把西沙中建岛建设成了一座海上的"美丽家园"。海洋垃圾不仅对岛礁环境造成恶劣影响，对海洋生物同样会造成很大的危害，经常有脖子上套着旧渔网或尼龙绳的海龟爬到岛上来求救。邱华在晚上值班时多次发现爬上岛求助的海龟，并及时组织了救治。

2007 年 5 月的一个晚上，正在值班的邱华看到沙滩上有一个黑影在缓慢移动，他瞬间警觉起来，第一时间锁定目标进行细致观察。邱华发现是一只海龟爬上了沙滩，根据以往经验判断，应该是到岛上来产卵，他交接班时专门将这个情况告诉了下一任值班员。第二天一早，邱华发现那只海龟还在沙滩上，行动比昨晚更加迟缓。太阳正慢慢升起，早上 7 点钟，阳光照在脸上已经有了火辣辣的感觉，不到 10 点钟，沙子的温度就会上升到将近 50 摄氏度，按照海龟目前的速度，还没等它爬回海里，就会被炙热的阳光晒死在沙滩上（以往有过先例）。邱华赶紧招呼身边的战友，迅速来到海龟旁。只见这只海龟的背甲达一米多宽，估计重量在 100 千克以上。邱华和战友们尝试着将海龟抬起来，却无从下手。看着海龟艰难爬行的样子，邱华改变策略，在海龟发力撑起身子的时候，帮助海龟抬起身子发力前行，原本海龟发力一次只能前行 20 厘米，在邱华和战友们的帮助下，一次可以前进将近 1 米。历经半个多小时，大家终于一步一步将海龟抬到了海边。接触到海水的海龟立马换了一种状态，或许是在爬行的过程中有邱华他们的帮助，海龟得到了一定的休息，下水之后，它在岛边来回游动，伸着脖子回过头看着邱华他们，久久不愿意离去。邱华对着海龟挥着手，"走吧，海洋精灵，回到属于你的家园去，欢迎你明年再回来"。回到宿舍，邱华和战友们觉得海龟上岛产卵是个常态情况（每年都会有大量海龟到中建岛的沙滩上来产卵），要予以关注。自此，中建岛的信号战位又多了一项职责——密切关注沙滩上海龟的情况，发现有不对劲的地方及时组织人员进行救治。多年来，邱华和他的战友们共救助了几十只海龟。当你有机会到中建岛，漫步在沙滩上，运气好的话赶上海龟蛋孵化，还能看到上百只小海龟在沙滩上集体冲向海边的盛况。

"大浪淘沙，沙积成岛，故有西沙。这些小岛，这片海域，都是老祖宗给我们留下来的。"看了20多年的海，可邱华依然没有看够，他说："我愿意永远做一名守护人，把脚下这片沙、眼前这片海守好。"

（刘闯　方智坤）

微信"扫一扫"观看视频

把阳光带进深海的人

——记交通运输部上海打捞局潜水队队长胡建

世界上最宽广的是海洋，比海洋更宽广的是救捞人的胸怀，我们愿把温暖和阳光带到每一个冰冷和黑暗的角落。

——胡建

胡建是交通运输部上海打捞局的一名救捞潜水员。投身救捞事业20多年来，他长期扎根一线，参与水上应急抢险救捞任务百余次，完成了"长江口二号"古船整体打捞迁移工程。他时刻践行着人民至上、生命至上理念，为保障国家水上生命财产和海洋环境安全作出重大贡献，为海洋强国、交通强国建设倾尽全力。

他也是全国五一劳动奖章获得者、国家卓越工程师团队成员、全国技术能手、全国交通技术能手，交通运输部"深潜勇士""最美搜救人""感动交通2021年度人物"，是新时代践行交通精神、服务海洋强国建设的先进典型代表。

说到潜水，人们可能首先想到的是五彩斑斓的海洋生物，是神秘莫测的海底世界，抑或是紧张刺激的深海探险，但是对于胡建来说，潜水，有着另外一番不同寻常的含义。

潜水，意味着责任、坚守和梦想。

2000 年，机缘巧合，胡建看到了交通运输部上海打捞局潜水员招聘信息。从小就对大海有着无尽向往的胡建，毫不犹豫地报了名。潜水员岗位看似默默无闻，却有着较高的准入门槛。入职前，他们需要按照类似空军飞行员的体检标准进行选拔，通过听力、视力、牙齿等多项身体指标检验，并需要持续强化锻炼，以确保自己的体能始终维持在标准之上。胡建很顺利地通过了各项严苛的考核。

报到的第一天，前辈们就告诉胡建，救捞潜水员是一个艰苦的行当，但更是一个救人于危难的无比光荣的职业，需要有坚定的信念和过硬的本领去扛起这份神圣的责任。当时的他，腼腆地笑了笑，却也牢牢记住了前辈们的叮嘱。

多年来，胡建始终秉承着"把生的希望送给别人，把死的危险留给自己"的救捞精神，始终保持着"水下铁军""水下冲锋"的战斗姿态，把"潜水"当作生命工程和社会工程去拼搏和建设，把青春和热血挥洒在抢险打捞、应急救助、深远海开发等每一项任务中。

冲锋在前，践行应急抢险职责

"救援的意义是对生命的敬畏，于生是救赎，于逝是成全。"胡建参与了韩国"世越"号沉船打捞、重庆万州坠江公交车应急救援、"隆庆 1"轮危险化学品应急处置、"布拉里"轮抢险打捞、"曙星 1"轮清障打捞、"鑫川 8"轮探摸抽油等多项重大应急救捞任务。搏击风浪、深潜救援、生离死别……这些大家在影视剧中才会看到的场景，却是胡建工作的真实写照。

经历和见证过太多的生死阔别、悲欢离合，或是触目惊心，或是悲怆同情，于胡建而言，担好沉甸甸的救捞责任就是最大的神定心安。

"就是没日没夜地干，基本上没停过。第一个潜水员刚上来，第二个潜水员就下了。"胡建回忆起重庆万州坠江公交车救援时说道。

2018 年 10 月 28 日，重庆，一场突如其来的灾难打破了山城原本的宁静。万州区一辆公交车行驶至长江二桥时，与一辆小轿车相撞后冲破护栏坠入滚滚长江之中。经相关部门核实，事发时公交车上共计 15 人。冰冷的江水毫不留情，正一步步吞噬着生命。

事故发生后，交通运输部高度重视，立即部署救援工作，持续组织多方力量全力开展水下探摸打捞和水面搜寻作业。在接到救援命令后，作为潜水队队长的胡建立即带领队员紧急调集装备、配置物资、制定方案，仅一个多小时便完成了救援设备装车和人员集中工作，并第一时间从上海紧急赶赴千里之外的事故现场。

29 日，经过连夜的千里奔赴，胡建和包括潜水员、潜水医生等在内的 22 名救援人员抵达现场指挥部。他们没有顾得上缓解劳累，便马上投入到设备安装和调试工作中。

"大家的心情都格外沉重，公交车内乘客生还的可能性很小，但是对于我们来说，只要他们还有一线生机，就不能够放弃。"胡建坚定地说。

30 日早上 6 时 50 分，第一批两名潜水员正式下水进行探摸，搜寻失联人员。胡建手持对讲机，目不转睛地盯着显示屏，关注着潜水员在水下的一举一动。

"当潜水员潜入坠江公交车位置时，却发现水下环境异常恶劣，坠江车辆损坏严重，救援难度之大，超乎想象。"胡建介绍道。事故车辆沉没

2018 年，胡建在重庆万州坠江公交车救援现场

水深达到 75 米，远远超过普通空气潜水作业深度，需要使用专业氦氧潜水技术，且潜水前需要根据实际水深配置潜水员呼吸用的氦气和氧气的比例，稍有不慎，潜水员就将有生命危险。

同时，潜水员的生命线——"脐带"也遭遇到了挑战。

"脐带"是一根形同甘蔗粗细的长管，潜水员靠它在水下维持呼吸。"脐带"一端连接着工作船，另一端连接在潜水员身上，它由三根管子缠绕组成：最粗的是主供气管，接在头盔上，为潜水员提供水下呼吸的空气；其次是热水管，负责在水下低温时，通过潜水服里的小孔流出热水，从而起到保暖作用；最细的是电缆，为潜水员的通信设备、头盔上的水下摄像机以及照明灯供电。

胡建解释说："潜水员经过水下探摸发现，公交车的车窗玻璃全部破碎，公交车呈 30 度角前倾，车辆结构严重受损，变形的钢板锋刃外露。而且，事故车辆所在水底还布满乱石，杂乱分布着钢结构、渔网等，面对极不稳定的水流和近乎为零的能见度，'脐带'一旦被割破或是被缠绕，后果将不堪设想，作业难度更是不断攀升。"

当抬头望向远方时，胡建看到此刻的长江两岸布满焦急期待的眼神，遇难者家属、社会群众……他们时刻心系着遇难者。"什么样的场景都见过，什么样的困难都难不倒，当时心里只有一个念想，就是尽快完成潜水任务，以宽慰遇难者家属和民众的焦急心情"，这是胡建的心声。

带着沉甸甸的责任，胡建率领潜水员兄弟开始轮番进行下水作业，11时12分、13时16分、14时10分……前后多批潜水员完成水下探摸搜救任务，他们发现了车内遇难者遗体并成功将其送出水面。

"我们基本上睡两小时就要起来干活，有的人甚至都顾不上睡。我们胡队长从开始干活后，就在我们潜水间隙的时候，在甲板的椅子上眯一小会儿，更别说什么刷牙洗脸了，实在是没时间。"参加救援的潜水员说道。

21时11分，第五批潜水员下水，这次的主要任务是找到公交车的行车记录仪，但是由于事故发生时的猛烈撞击，行车记录仪已经被撞散架，里面根本没有SD卡。潜水员在黑暗的水底不断摸索，终于在司机座位下面，找到了散落在角落里的仅有指甲盖大小的SD卡，这对于调查事故发生原因和还原事故真相具有十分重要的意义。

31日早上5时，救援进入车辆整体打捞阶段。从8时18分到晚上20时30分，先后有5批潜水员下水，完成了公交车整体起吊打捞前的准备工作。

21时30分，两岸的灯火映照着整个江面，随着吊机的轰鸣声，对坠江公交车的起吊工作正式开始。23时45分，沉没于江底近90小时的公交车缓缓露出水面，救援现场鸣笛致哀，全体人员脱帽哀悼。

在3天的救援时间里，胡建吃睡在现场，部署每一班潜水，指挥每一次作业，时刻拿着对讲机巡视作业情况，在小小的作业船上，他的微信步数竟达到了 3 万多步，手机也打到自动关机。就这样，历经 86 小时的不间断作业，他带领应急救援队员先后打捞出 11 具遇难者遗体，取出事故车辆的行车记录仪，并成功将坠江公交车整体打捞出水。

"时至今日，救援过程中的一幕幕，一帧帧，都还深深地印刻在我的脑海里，不能磨灭，我们救捞人用行动履行了职责，用专业兑现了承诺，用拼搏温暖了山城的深秋。"胡建的眼眶有些许湿润。

此外，在胡建的记忆里，另外一次救援任务同样印象深刻。那是 2020 年 8 月 20 日，载运约 3000 吨异辛烷的"隆庆 1"轮在长江口发生碰撞，事故造成油船甲板起火。

胡建及其他 5 名精兵强将临危受命，组建危险化学品救助小分队，承担起应急处置任务。

当胡建率领队员赶到现场后，阵阵刺鼻的味道迎面扑来。大火燃烧后的"隆庆 1"轮，就像野火过境的平原，满目疮痍，只剩下残破的躯壳和余烬中的烟尘。

然而，在这无声的残骸和废墟背后，潜藏着巨大的危险。事故船只载运的约 3000 吨异辛烷具有毒性，极易挥发燃爆，其蒸气与空气形成的爆炸性混合物，能扩散到很远的地方，任何静电火花或者金属碰撞火花都有可能引起火灾爆炸。

风波未息，再起波澜！气象预报显示，台风"美莎克"即将过境，其中心风力达 14~16 级。

在当时的情况下，上——将面对时间和危险的双重考验，不上——台风过境后满船的危险化学品将威胁整个海域甚至长江三角洲的人民生命财产安全。

"上，我们必须得上！"胡建的话铿锵有力。他未做片刻犹豫，带领救助团队上演"最美逆行"！

因为异辛烷特殊的化学性质，登船人员必须穿戴好防静电服及配备气体分析仪、温度计、正压式呼吸器等装备，防止被事故船只上的高温有毒性气体侵害。

"就在刚登上事故船只的那一刻，气体分析仪就已经在'嘀嘀嘀'地报警了，当前环境的一氧化碳还有硫化氢浓度已超出安全范围，且甲板温度已达到了 40 摄氏度左右，肉眼可见的甲板上满目疮痍、惨不忍睹，本来平直的甲板已经被烧得坑坑洼洼，没了以往的痕迹，就像一艘破败了漂在海上的幽灵船一样，没了一点'生气'。"胡建回忆道。

2020 年，"隆庆 1"轮抢险救援现场，该船正在剧烈燃烧

作为一名从事救捞潜水行业 20 年的专业人员，胡建针对事故船只结构和危险化学品的特点，结合熟练的绳结技能和潜水员特有的风险意识，带领队员们完成金属工具包裹防静电材料、定时测量油舱内氧浓度、液位

和船舶吃水等作业任务，并配合将氮气注入舱内，使舱内的危险化学品与空气隔绝，最大限度地降低爆燃风险。

没有甲板起吊设备，胡建就带领大家手拉肩扛；事故船只漂浮不定导致抽油困难，胡建就通过人力频繁调整抽油泵位置。面对严格限制人数的登船作业，胡建科学合理地分配时间，将每个人的登船时间利用到极致。因为危险化学品的有害性，导致他皮肤过敏，身上出现大面积红疹，瘙痒疼痛。

经过 4 天 4 夜连续作业，共过驳危险化学品 3000 多立方米，足足可以装满一个半 50 米标准游泳池，并赶在台风来临前将事故船只拖带进港。

在航行途中，胡建又带领两名队员，全副武装地再次登上事故船只，探寻勘察内部情况。他们在该船生活区二层甲板，发现并带回一具遇难者遗体。

任凭风吹浪打，英雄初心如旧。此次救援行动，胡建本着"有险必救，使命必达"的专业精神，成功排除了次生灾难发生的风险，保护了长三角地区人民生命财产和海洋环境安全，充分展现了中国救捞人员在极端作业条件下的应急抢险能力。

不辱使命，彰显大国实力风范

"那是一段没有硝烟的'烽火'之战。"胡建感慨地说道。

2014 年 4 月 16 日，韩国渡轮"世越"号在该国西南海域发生沉船事故，造成 295 人遇难、9 人下落不明，举世震惊。上海打捞局代表中国救捞力量，远赴韩国实施沉船打捞。

作为"世越"号沉船打捞项目潜水监督的胡建，和他的 80 名潜水员兄弟，经历了 600 个日夜的奋战，逾 6000 人次潜水作业，近 1.3 万小时水下施工，圆满完成了韩国"世越"号沉船的打捞任务。

为了防止遗体被水流冲走，要将遇难船的所有门窗进行封堵，潜水员要穿过充满杂物，甚至被挤压严重变形的近 20 米长的廊道，找到封堵位置；如要进入房间，绕的路更远。拿着几十千克的钢丝网去封堵，"脐带"随时都有被缠绕的危险，甚至威胁到潜水员的生命。

凭借头顶照明灯射出的微光，胡建能恍惚地看到船只的轮廓。此时的船只伤痕累累，船舱内更是支离破碎，东倒西歪的坐垫与柜子悬于水中。潜水员需要侧着身子前进，一只手护着"脐带"，另一只手稳住身体，用身体甚至头部来顶开漂浮的障碍物，钻进"水下迷宫"。

"一个都不能漏。"胡建坚定地说，他们靠着早已记在头脑中的空间布局图，一个角落接着一个角落寻找。胡建和潜水员兄弟始终坚持"封一个网、对遗体多一份保护"的信念，水下持续奋战 100 天，完成封窗 300 个。

在起吊船头、穿引首批 18 根钢梁的阶段，需要以最快的速度穿越船头与海底的狭缝，先完成 3 根拖绞钢缆的连接。胡建和现场的潜水勇士们用生命下了一次赌注。

"船头被抬高 2.4 米后，需要潜水员立即潜水穿引钢缆。此时，夏日早晨的太阳炙烤着甲板，些许海风带来阵阵炎热，受力近千吨的起吊钢缆不时发出轻微摇曳的声响，而'世越'号船头被作业船吊着，等待着我们去船底穿引钢缆。"胡建回忆道。

长 145 米的沉船，船头抬高仅 2.4 米。靠近船尾穿引钢缆的位置预计高度不足 80 厘米，潜水员穿着潜水服，几乎没有行进空间。

但是在得到铁的命令后，胡建只有一个信念——"就是爬，也要爬过去"。军令状虽已立下，他心里的负担却沉重起来：要知道，在受力近千吨的吊钩下方，船头随时可能摇晃，只要稍有松动，船头就可能一下压下来。

胡建正在韩国"世越"号打捞现场穿戴潜水装备，准备下水开展作业

时间不等人，命令必须执行！胡建和他带领的潜水勇士来不及细想，便一头扎入深海，沿着沉船左舷爬行，穿越狭小的"生命通道"，用娴熟的技术快速完成 3 根绞缆绳的穿引任务，为整体穿引 18 根钢梁节省了宝贵时间。

哪怕是有过 30 年潜水经验的潜水总监，回想起当时的情况，也让他震惊，"这是兄弟们在用性命作赌注"。没有这些勇士，哪来的 18 根钢梁顺利穿引；没有潜水员兄弟，哪来的"世越"号顺利出水。

"在'世越'号打捞过程中，类似的场景已经很难数得清了。"胡建感慨道。为了完成任务，胡建带领团队一年中有超过 330 天坚守在现场，一天中有十几小时连续作业。累了，随便一坐就睡着了；醒了，又投入新的任务中。

"每一次作业都像是一场马拉松，和时间赛跑。"潜水作业受潮汐和水流影响，并非可以全天候进行。韩国西南海域，气象、水流复杂多变，每个月最适合潜水的天数不超过 12 天，最多可潜水 20 小时。而剩下的日子，每天潜水时间不到 4 小时；大潮大汛时，每天仅有 2 小时可潜水，时间弥足珍贵。

由于潜水的特殊性，在深海开展常规潜水，最长时间为 45 分钟左右，作业结束后需在水下减压 60 分钟、水面减压 80 分钟。打捞工程时间紧、任务重、强度大，为了赶进度，胡建和团队的潜水活动经常要接近规定的极限时间，体力消耗非常大。

为了抢时间，他们每次作业都把"慢水"时间用足，尽可能在"快水"中减压，可以说每次潜水都是一场挑战生命的马拉松。"有时候水流很快，我们即便负重近 40 千克，人还会被'吹歪'，甚至被翻了个底朝天。"胡建说。

他们用身体抵御深水区的寒冷，用双脚硬扛源源不断的水流冲击，用双手在深海漆黑浑浊的环境中一件件摸索。在这场前所未有的战役中，正是胡建带领的这群水下尖兵，不畏艰险、义无反顾，用生命之躯，以战斗的姿态，让"世越"号重见天日。

胡建团队的每一个兄弟都是一名尖兵，每一次水下作业都像一场战斗，每一次胜利都充满了血与汗。近两年时间，他们吃住在一起、工作在一起，在激流中并肩作战，在深海中穿行摸索。虽然条件艰苦、困难重重，但他们同心所向、精诚团结，用行动践行救捞使命，用生命托起出征诺言，用业绩彰显了大国实力。

"我们是国家专业水上应急抢险队伍，守护国家和人民生命财产安全是我们义不容辞的责任。养兵千日，用在一时，只要有需要，只要得到指令，我们一定会站得出来、冲得上去、拿得下来。"这句真挚而坚定的话语，在"桑吉"轮抢险救援中也被体现得淋漓尽致。

2018年1月6日，巴拿马籍油轮"桑吉"轮在长江口以东约160海里处发生碰撞，导致"桑吉"轮全船失火，发生燃爆。潜水队接到救援指令后，胡建立即组织救援力量，派遣潜水员紧急奔赴事故现场开展援救。

抵达现场后，"桑吉"轮仍在持续燃烧，并不时发生燃爆。此时船上还装载着13.6万吨凝析油。凝析油也就是天然气凝析油，易燃易爆，燃烧之后还会分解产生有毒气体。一旦发生爆炸，将对人员造成致命的伤害，还将严重威胁海洋环境。

为了达到更好的搜救效果，经讨论，上海打捞局决定派出四名救援经验丰富的潜水员组成应急搜救小队冒死登上"桑吉"轮搜寻救援。

2018年，"桑吉"轮救援现场，上海打捞局四名潜水员
通过吊笼登上事故船只

1 月 13 日，四名潜水员顶着熊熊燃烧的大火、弥漫的毒气，冒着随时可能遭遇爆炸的巨大危险，毅然登上"桑吉"轮进行搜寻。最终，他们凭借丰富的抢险救援经验和对现场局势的精准判断，在有限的 26 分钟内，成功取回 VDR 设备，带回两具遇难者遗体，同时确认防海盗逃生舱内无人员生还。

"只要有万分之一的生存希望，就要尽力争取，我们潜水员从来都不轻言放弃。"胡建说。此次救援行动，既体现了中国救捞队伍顽强的凝聚力和战斗力，展现了不惧艰险、一脉相承的救捞精神，更彰显了中国在人道主义救援中的大国风范。

勇于创新，科技赋能水下考古

"用科技为打捞赋能，我们正在让打捞变得和从前不一样。"胡建在认真履行抢险救捞使命的同时，也致力于打捞科技的创新发展，不断在打捞目标的吨位以及打捞速度的提升上取得新的突破。

2022 年 11 月 25 日晚，百年杨浦滨江见证了中国水下考古新的历史性突破。上海打捞局专用打捞工程船"奋力"轮将"长江口二号"古船缓缓浮运进上海船厂一号船坞旧址，稳稳地将古船沉箱放在马鞍形底座上，这标志着世界上迄今为止规模最大的一次古船整体打捞工程取得重大阶段性成果。

胡建在该项目中又毅然担任起了项目经理。他带领作业团队开启了保护"长江口二号"的"回家之旅"。

"长江口二号"古船是继"南海 I 号"后中国水下考古又一里程碑式的重大发现，是目前我国水下考古发现的体量最大、保存最完整、预计船载文物数量巨大的古代木质帆船，其整体打捞和迁移工程对古船考古与文物保护至关重要。

自 2015 年起，上海打捞局便在上海市文物局的组织下，每年组织打捞工程船舶、技术人员和潜水员等专业力量，对古船进行水下考古探摸，并采取保护性措施确保文物安全。

由于"长江口二号"古船发现的地点是在长江出海口，大量的泥沙冲刷堆积之下，被掩埋的古船至今仍然完整。"如何确保将古船安全、完整地打捞出水，而又不使周围扰动的泥沙给古船带去二次损伤，难度极大，真是'捧在手里怕摔了，含在嘴里怕化了'。"胡建说。

"长江口水文环境对我们水下作业有三大考验：一是流速之快，古船附近水流速度最高时可达 3 米/秒，潜水员无法进行长时间水下作业；二是水质之浑，长江口水域含沙量大、水质浑浊，潜水员水下作业时如同'盲人摸象'；三是回淤量之大，潜水员无法完成船底打洞作业，即使完成，在短时间内泥沙又会迅速回填，让水下打捞成为不可能完成的任务。"胡建说道。

同时，古船与文物保护也对打捞技术提出三大要求：从原生性的角度看，打捞作业需最大限度地让古船保持水下原有状态，将古船、江水、泥沙一体打捞，使考古研究更加具有可信性。从完整性的角度看，打捞方案需尽可能将古船周围散落文物等一同打捞出水，为古船沉没原因、河床沉积变迁等分析研究提供更多信息。从安全性的角度看，作业过程需充分确保木质古船与船载瓷器安全，避免水下穿引、提升出水及运输进坞等过程对古船和文物产生损坏。

这样的水下考古难题前所未有，需要专业力量的加持，更需要科技赋能，运用现代化的手段，进行科学打捞。为确保古船和文物的原生性、完整性、安全性，胡建所在的专业研发团队开始进行技术攻关，在多个打捞方案中反复论证比较，最终选择了"弧形梁非接触文物整体打捞迁移技术"。

从 2020 年开始，经过长达一年多的理论分析研究和多次技术论证、模拟实验、专家评审，先后开展了 2 次 1∶10 模型试验，1 次海上 1∶1 等比例试验，均取得成功，验证了打捞方案的可行性。

胡建所在团队打造的世界首创的"弧形梁非接触文物整体打捞迁移技术"打捞方案，创新性地首次采用弧形梁穿引打捞工艺，创新性地运用隧道掘进技术、单船竖向液压同步提升技术，创新性地建造中部大开口专用打捞工程船"奋力"轮，实现了仅用一艘驳船完成沉船整体打捞的提升、运输、进坞以及卸载作业；提升作业效率的同时，保障了古船安全。这样一套施工方案，集当前最先进的打捞工艺、技术路线、设备制造于一体，在国际上也前所未有，真正实现了科技创新与水下考古的有机结合，真正体现了中国情怀、中国技术、中国实力。

2022 年 3 月，古船整体打捞和迁移工程正式启动。"我们秉承对古船文物负责、赋予水下考古科技打捞内涵、履行国家救捞队伍职责、展示建设交通强国先行成果的目的，倾力以赴、全力攻关。"胡建说。

在整个项目实施过程中，胡建带领团队克服了长江口水文条件恶劣的影响，在水下能见度几乎为零、流快浪高导致潜水有效时间接近砍半的情况下，累计下潜 892 人次，水下作业 2230 多小时。

"在海上作业很多时候是靠天吃饭的"，胡建带领作业人员克服了夏秋季节气象不佳的影响，共经历 3 次台风、8 次冷空气袭扰，先后投入专业打捞船舶和其他辅助船舶约 670 艘天，现场作业人员达 22 185 人天。

同时，面对 2023 年的疫情影响，胡建严格落实防控措施，克服了新冠疫情对海上作业的巨大影响，度过了静默管理、疫情攻坚的艰难时期，确保作业周期内无一人感染。

3 月 10 日起，项目团队前所未有地在 130 天内完成了专用打捞工程船

2022 年，胡建在"长江口二号"古船整体打捞和迁移工程现场

"奋力"轮的设计、建造任务，并完成 46 套提升油缸安装和联调联试。

6 月 1 日起，项目团队在海上作业 30 余天，完成古船水下探摸、提取部分文物、清理障碍物、古船扫测、4 根定位桩沉桩等预处理作业任务。

7 月 6 日起，项目团队在烈日酷暑下连续奋战 60 多个日夜，在缺乏大型起吊设备的情况下，完成了端板纵梁组合体框架的高精度组装任务，以及发射架工位和弧形梁穿引测试。

9 月 6 日，主作业船"大力号"驶离横沙码头，前往古船遗址水域，海上施工正式开始。

9 月 8 日，端板纵梁组合体框架开始下放，12 日成功沉放至设计位置。

9 月 29 日，第一根巨型弧形梁成功越过古船下方，精准到位地完成穿引。至 11 月 15 日，最后一根弧形梁穿引完成，历时一个半月的持续奋战，22 根弧形梁全部穿引完成，最快穿 1 根仅用时 6 小时，平均穿引 1 根用时 12 小时。

11 月 17 日，"奋力"轮到达现场，20 日完成 46 束 1426 根钢绞线与古船沉箱的连接工作，至此，古船打捞进入提升出水的最关键阶段。

…………

这些都是胡建带领数百名一线施工人员，顶着巨大压力，以举世唯一的施工方案、史无前例的施工工艺、无可挑剔的施工管理，取得的丰硕成果。

"我这辈子都不会忘记那一晚的灯火璀璨、人声鼎沸和热泪盈眶。"胡建激动的心情溢于言表。

2022 年 11 月 20 日这一晚对于胡建来说太重要了。20 日 20 时，古船整体打捞工作正式进入提升环节。项目团队采用水下充气、单边预提升、逐级加载等破土措施，通过智慧打捞监控系统实时监控古船沉箱姿态、受力等情况，确保提升一次成功、一次到位。

在中央电视台新闻频道、新华社、人民日报、上海电视台的全程直播报道中，21 日 0 时 30 分，古船桅杆率先破水而出。凌晨 3 时 30 分，"奋力"轮将长 51 米、宽 19 米、高 9 米的 22 根巨型弧形梁组成的古船沉箱提升到设计位置，总重达 8800 吨，让沉没 150 多年的"长江口二号"古船重见天日。

胡建带着他的团队以高标准、高要求完成了世界上迄今为止规模最大的一次古船整体打捞工程，为河口海岸复杂浑水水域的水下考古贡献了中国救捞智慧，打造了浑水水下考古打捞的上海打捞方案，是努力建设中国特色、中国风格、中国气派的古船打捞的一次卓越实践。

现在说起"长江口二号"古船打捞的经历，胡建总是能自豪地讲述起一件件惊心动魄而又有趣的故事。他的自豪来源于中国救捞的打捞实力，来源于中国救捞人坚定不移的初心使命，更来源于自己肩上沉甸甸的责任。

2024年1月19日，"国家工程师奖"表彰大会在人民大会堂隆重举行，胡建所在的上海打捞局"救捞工程关键技术攻关团队"作为交通运输部唯一推荐团体，成功入选"国家卓越工程师团队"，并接受表彰。"不断突破打捞技术创新，掌握核心关键技术，加快推进现代化专业救捞体系建设，更好保障水上安全，依旧任重而道远。"胡建如是说。

接续荣光，锻造新时代打捞铁军

以胡建为首的"水下尖兵"们正在漆黑一片的水底上演着一出出独幕"默剧"，他们时常争分夺秒而自顾不暇，时常命悬一线而奋不顾身，时常战天斗地而浑然忘我，他们在平凡的岗位上践行着不平凡的使命。

无论是韩国"世越"号、"桑吉"轮，还是重庆坠江公交车，均由这支国内最早成立的救捞队伍参与救援或打捞出水。身经百战的队伍，不仅要搜救生命、打捞船只，还要广泛参与海洋工程，几乎书写了一部共和国深水救援史。

"这是一支有着光荣传统的救捞队伍。"胡建非常自豪。这是一支政治过硬、信仰坚定的救捞表率，是一支肩负国家海上抢险救捞职责的英勇战队，是一支敢拼敢当、共创共荣的新时代救捞楷模。

1951年8月24日，中国人民打捞公司（交通运输部上海打捞局前身）成立，当时的主要职责是打捞沉船沉物、疏通航道、抢救遇险船舶，救捞潜水员这支队伍不久也应运而生，并在事业发展过程中发挥了重要作用。仅到1952年年底，便打捞沉船22艘，而在1953—1957年间，共打捞沉船120艘，其中大部分船、舰被修复使用，对加强国防及促进水运业发展意义重大。

"70 多年来，我们潜水队的每一次重大跨越，可以说都与新中国的发展息息相关。"胡建说。

1963 年 5 月 1 日，新中国第一艘国产万吨级远洋货轮"跃进"轮在首航途中遇难，沉没于上海崇明岛以东约 150 海里的苏岩礁海域。事件引起全国人民和中央领导的高度关注，周恩来总理亲赴上海，组织出海调查勘测探摸船队。

胡建介绍说："当时，我们派出潜水员 14 人和其他人员 37 人组成潜水作业队，实施海上调查作业。"经过 13 天准备，18 天现场作业，共潜水 72 人次，水下作业 42 小时，最深下潜 56 米，找到沉没的"跃进"轮，查明系船身撞到苏岩礁引起船舱进水而沉没。

"通过对'跃进'轮的勘测探摸，使我们的潜水作业深度从 20 米左右提高到近 60 米。"

当时，周恩来总理批示，在全国范围内招收潜水学员，以发展救捞潜水事业。在以后几年中分几批招收了数百名青年潜水学员，这为中国救捞事业的发展提供了重要契机，尤其是促进了潜水员队伍的发展与潜水能力的飞跃。

时间，丈量着发展的进度；历史，标注出攀登的高度。1977 年，根据国务院与中央军委的指示，救捞团队参与了举世瞩目的"二战"日本沉船"阿波丸"号的打捞。当时，台湾海峡还经常有炮火袭扰，在飞机、舰艇的巡逻和掩护下，这群"水下尖兵"始终冲在前头，能打胜仗。历时四年，进行空气潜水作业 136 000 多人次，共计 6138 小时，圆满完成了打捞任务。

带着生者的期望，一头扎进水里，10 米、20 米、50 米、100 米……一点点深入水下，去寻找、靠近失事船只，争分夺秒地从死神手中夺回生的希望。"我们就如同生命的使者，穿梭于水面上下，游荡于生死之间。"

胡建说。

2015 年 6 月 1 日晚，"东方之星"号客轮在航行至长江中游时，突遇龙卷风而倾覆翻扣，沉船船底露出水面，船上 400 多人遇险。上海打捞局潜水队队员主动出击、顽强拼搏，他们克服气候寒冷、水流湍急、能见度差等困难，不眠不休鏖战 4 天 3 夜，成功穿引 4 道船底钢缆，为沉船扳正起浮发挥了决定性作用。

这次救援任务见证了"特别能吃苦、特别能战斗、特别能奉献、特别能团结"的救捞作风，奏响了一曲国家专业救捞队伍"冲得上去、救得下来、潜得下去、捞得起来"，在关键时刻发挥关键作用的奋斗壮歌。

"达飞佛罗里达"轮溢油事故处理、黄河小浪底沉没游船抢险打捞、黄浦江航道沉船"银锄"轮打捞、舟山"岱菲"轮危险化学品应急处置……类似这样的国家特殊救援和应急抢险救援任务，在中国救捞史上还有很多，一次次惊险的救捞行动，一幕幕无畏的英雄壮举，一代代可爱的救捞潜水员在历史的风浪中勇立潮头，绘就了最生动的深潜轨迹。

"当潜水队历史发展的接力棒交到我手上的时候，我无比光荣，也深感责任重大。"多年来，胡建始终谨记前辈们的谆谆教诲，秉承老一辈潜水员的工作作风，带领潜水队在新时代新征程上为助力加快建设交通强国而接续奋斗。

胡建带领着潜水队不断健全规章制度体系，完善潜水作业流程，从最初仅有的 20 人发展成为如今拥有 100 余人的国家专业潜水打捞队伍，并成为国际潜水承包商协会和国际海事承包商协会会员，在国际化发展进程中不断前行。

"年轻人，特别是救捞潜水员，必须要在大风大浪、各种急难险重任务中磨砺意志、积累经验、增长本领。"胡建说道。他特别注重年轻潜水员的成长发展，积极探索并实施了"传帮带"的工作模式，指导年轻潜

胡建和潜水队队员的合影

水员在工程实践中汲取先进的理念和方法，并积极组织开展"技能大比拼"等活动，培养出一大批能独当一面的优秀青年潜水员，为救捞潜水事业发展输送了大量技能人才。

多年来，潜水队培养出以"中华技能大奖"获得者，第十二届、十三届全国人大代表，全国劳动模范金锋同志为代表的数位全国劳动模范和几十位上海市劳动模范，全国技术能手、全国交通技术能手、救捞功臣等不断涌现，潜水队集体获得"全国交通运输行业文明示范窗口""全国工人先锋号""全国青年文明号""上海市团队特色班组""上海市工人先锋号"等荣誉称号。

奋力追光者，终将光芒万丈。当前，胡建正带领着潜水队员们全心全意地投身于交通强国试点任务建设工作的火热实践中，持续攻坚大深度饱和潜水，以永不懈怠的精神状态、一往无前的奋斗姿态，前行在加快建设交通强国的征程上。

铁骨铮铮，热血男儿情深义厚

铁骨铮铮下的热血男儿，也有柔情脉脉的一面。入行二十多年来，胡建见过太多在意外中离去的生命，因而如今看待世界的眼光也柔和多了。在生离死别面前，他理解最深的就是"珍惜"二字。

胡建还记得，韩国"世越"号沉船事件发生后，每逢清明或冬至，总有遇难者家属坐船出海祭祀。他们打着横幅感谢上海打捞局，送给潜水员的中文卡片上写着："感谢你们为打捞的付出。"看着泪眼婆娑的家属，潜水员们都知道，他们打捞的不仅是一艘沉船，更是300多个家庭痛心的念想，那都是他们的孩子，让孩子们回家。

在重庆公交车坠江救援任务中，胡建夜以继日，经过86小时的搜救，坠江的公交车被浮吊船起吊出江面。那个黑夜，正逢重庆的深秋，江面弥漫着水雾，岸上响起了致哀的鸣笛声。胡建和疲惫不堪的队友都脱帽致哀，他们两眼红肿、充满血丝。尽管经过专业训练，但看到一个个不久前好端端的人一下就没了，还在水中泡得面目全非，胡建的内心实在无法淡定。对他而言，那种难受，说不出来。

第一个被找到的遇难者是一个三岁多的小女孩，长得像个洋娃娃，很漂亮，但当时她悬浮在公交车内的水中，脚朝上，头朝下，双手交叉蜷在胸前，是一副惊恐不安的模样，这让发现她的年轻潜水员一时难以接受。将孩子的遗体送到岸上后，那个潜水员站在旁边，边看边流泪。"这种事谁都接受不了。"胡建的女儿当时也差不多那么大。"尽快把遗体捞出来收殓，至少能缓解家属的痛苦。"胡建回忆道。

同样是在重庆坠江公交车打捞现场，现场复杂的探摸环境和过大的施工强度，考验着每一名潜水员。每一班潜水，从潜水员加压下水到回舱减压，前后加起来需要 6 个多小时，所有潜水员需要 24 小时连轴转。在氦氧混合气体潜水作业条件下，危险系数更高，作业潜水员稍有不慎就可能面对不可挽回的后果。

为了保障潜水员的安全，疏导潜水员的心理压力，胡建在自己工作之余时刻与潜水员保持沟通交流，跟他们讨论应急预案并指导他们做好应急防御措施。每名潜水员作业完毕，他都会说一句："好样的兄弟，辛苦了！"在胡建的不断鼓励和引导下，队员们完美地完成了每一次下潜任务。

"把生的希望送给别人，把死的危险留给自己"，这就是中国救捞精神。身为潜水队队长，胡建希望他的队员在救人时有不怕艰险、敢于冲锋的精神。

和时间赛跑的不仅仅是竞技运动员，和生命拉锯的不仅仅是急诊科医生，和"敌人"以命相搏的不仅仅是部队战士，还有潜水员这个职业。"进救捞，识智勇英雄，一时多少豪杰；入潜水，结金兰弟兄，一愿生死相许；登舷梯，叹儿女情长，一樽还酹江月；逐波浪，看红霞漫天，一心只向骄阳。"这是一位潜水员写在日记本上的话。

"大家都是过命的兄弟，救援时在水下的人只能把后方的一切供给与保障托付给岸上的队友，这是一种互相依存的信任。所以，每次下水前，我们都要做好风险评估、应急预案。"胡建说。

敦实的身板，明亮的双眸，说起话来总是面带微笑，这是队员们对胡建的第一印象。在工作中，队员们都把他称为"老大哥"，兄弟们没人不服他。

在常人眼中，生活应该是温馨而宁静的，是享受阳光、美食和相聚的娴静。但对于胡建来说，长时间离家、不稳定的作息、随时可能面临的危险……这些让他的生活变得与众不同，充满了挑战和未知。因此，对于胡建

胡建为青年潜水员讲述全国劳模金锋的事迹

他们这些常年奔波在风口浪尖上的一线打捞人来说，生活和工作似乎天生是冲突的对立面。他们在这对"矛盾体"面前总是显得疲于应对、奔波无奈。

"现在最想给老婆打个电话报平安。"报喜不报忧是潜水员们多年来的习惯做法，当时完成300米饱和潜水试验出舱后的胡建也不例外。"执行这次任务之前，我没告诉家人自己具体要干什么，怕他们担心，现在终于可以跟他们说了！"

"他做的事情是积德行善的事。"胡建的爱人说道，"我和两个女儿非常理解他的工作，他也不会和我们说救捞现场的事情，我们都知道他是怕家里担心。"在女儿心中，爸爸是个大英雄，是能够潜入深海，给别人带去温暖的超人。

时光过得很快，整整24个年头，一年365天，胡建不是在救捞现场就是在潜水基地。母亲患病期间，由于工程的重要性，他未能在身旁照顾，这是他内心最愧疚的事情。每次回家面对渐渐长大的女儿和忙碌的妻子，他总感觉对家庭亏欠了太多。

尽管对家人怀着愧疚和感激，但胡建无悔于自己的职业选择。因为他深知，在这个职业中，他不仅仅是一名救捞者，更是一名守护者。他守护着清洁的海洋环境和通畅的水域航道，守护着那些沉睡在海底的千年故事和亘古历史，也守护着每一个家庭的微弱期望和缠绵寄思。这种责任感和使命感的负重，使他更加坚定地投身于中国救捞事业。

胡建把自己的青春无私地奉献给了大海，奉献给了祖国的救捞潜水事业。他始终把自己所获得的一切归功于他的团队，归功于培养、造就他成长的党和国家。

"把生的希望送给别人，把死的危险留给自己"的救捞精神，是胡建一生的职业信仰，更是一名救捞潜水员对人民的郑重承诺。他努力践行"人民至上，生命至上"的信念，带领团队用一次次极限下潜，不断开拓救捞事业发展的宽度和深度，书写着属于蔚蓝大海的壮丽篇章，为奋力加快建设交通强国，努力当好中国式现代化的开路先锋作出更大的贡献。

（张栋辉　李星宇）

微信"扫一扫"观看视频

浪花上的巾帼指挥官

——记中海油研究总院有限责任公司工程研究设计院 海管结构首席工程师侯静

一个人的力量是单薄的，团结就是力量，所向披靡。

——侯静

一袭工装，一脸无畏，一身洒脱。满怀匠心，满腔壮志，满腹才华。

侯静的出场，总能带给人蓬勃的生命力与信念感，炙热且浓烈。

她是中海油研究总院有限责任公司工程研究设计院海管结构首席工程师，也是"深海一号"大气田开发工程项目组深水管缆部经理。

2021 年 6 月 25 日，我国自主研发建造的全球首座 10 万吨级深水半潜式生产储油平台"深海一号"正式投产，标志着我国海洋石油勘探开发能力全面进入"超深水时代"。

"鼎"立南海，怎少得了巾帼力量？侯静，便是不让须眉的代表。

在项目设计期，侯静在中海油研究总院"深海一号"设计团队，充分利用自有资源，让系泊系统、深水钢悬链立管、海底管道、水下管汇系统安装方案设计扎实可靠，并从技术、进度、安全等各个环节把控深水管缆施工作业；在项目现场施工期，她肩负"深海一号"整个项目海上施工作业的总协调之职。

然而，怒海争锋、深水逐梦的过程，谈何容易？

在"深海一姐"侯静身上，我们看到了一个在以男性为主导的石油工业领域，拼搏进取，凭努力与实力打破性别偏见，实现自我价值的女性形象。

与水结缘

侯静小时候父母修建水电站大坝，大学学的水利专业，如今从事海洋石油行业。梳理侯静的成长轨迹不难发现，一路走来，她与水有着千丝万缕的联系。

甚至连侯静的眸子里，都仿佛蓄了一汪水——澄澈，闪着光和遮不住的英气，让人忍不住多看几眼。

她说话的语气也很轻柔："妈妈是北京人，1968 年支援'大三线'建设去四川工作，遇到了爸爸，就在那里成家。"

侯静平静地讲述着往事，提及的"大三线"让我们联想到 2022 年中央电视台的开年大戏——《人世间》：于"大家"，周家父亲周志刚投身

"大三线"建设，笃行报国志向；于"小家"，他始终注重对子女的言传身教，秉持温良家风。

走出文艺作品，这段历史在侯静家中有着更为具象的投射。"那个年代的人真的很纯粹，在那种环境下长起来，父母给我的教育也是要保持善良，人品要好。"她感慨地说。

时代的洪流裹挟，谁都无法置身事外，都被或多或少地冲击着、拍打着，改变着、塑造着。无论父母爱情，抑或个人境遇。

如今回想，许是自妈妈踏上入川之路，尚未出生的侯静便与水结下了不解之缘。

侯静的父母都是中国水利水电第五工程局的员工，她长大的地方，距离四川宝珠寺水电站只有不到 40 分钟车程。

"从我懂事时起，就在修这个电站。可以说，我的成长就伴随着电站的修建。"侯静说，当年修大坝的地方是前方，家属院就是后方。子弟学校里的很多孩子，从幼儿园开始，一直到高中都是同班同学。谈话的氛围，一下子带回到"那个年代"。

在侯静的印象中，爸爸负责基地建设，妈妈主管物资供应。

忙起来，顾不上家也是司空见惯。毕竟"爸爸一两个月才回来一次，妈妈早上 6 点多就去赶班车，晚上很晚才回来"。

一晃，侯静五岁了。父母没时间照顾她，哥哥上小学四年级。"妈妈跟老师商量了下，让我跟着哥哥去上学。"

"她还这么小，这要是学习跟不上可怎么办呢？"看着哥哥的"小跟班"，老师都发愁。

"真是那样，那就留一级吧。"妈妈回答得倒是干脆。于是，连自己名字都不会写的侯静懵懵懂懂地进了校园。

上学的初体验，侯静记得很清楚。"老师问我会什么，我说我会数数，因为爸爸打篮球，我能从 1 数到 100，再往上很多很多。"对数字的敏感和逻辑的把握，彼时初露端倪。

那时的侯静很乖。虽然对父母在大山沟里从事的工作充满好奇，但从不自己贸然行事。

"那会儿有免费的班车可以坐，可是大家都在一个院子里住着，谁家的小孩自己跑出来了，能不被认出来吗？"

"你还考虑得挺周全。"记者说。

"主要怕'东窗事发'，妈妈知道了，免不了一顿打。"

谨慎的做事风格，自小习得。

"就知道那里很偏僻、工作很累。"见识过嘉陵江畔机器轰鸣、建设者往来不绝的热闹景象，侯静对这种一个家庭随着项目建设迁徙、一个项目动辄投入十多年的人生节奏并不陌生。

而这，也与她日后走南闯北的工作状态隐隐吻合。

深山拓荒几多艰辛，个中滋味父母颇有体会。"所以那时他们就想，孩子长大后不能再干这个了，医生是个不错的职业。"

但侯静不这么认为，她对未来有着自己的憧憬和向往。那个小小的身体萌动着当老师的渴望，也曾为此付诸"行动"。

"上小学的时候，爸爸给我做了一个小黑板，我每天回家在小黑板上写上当天老师教的内容，然后在地下放几个娃娃当学生。讲完课后，我就说，今天留什么作业，开始做作业。完事儿我就做作业去了，等我做完，就给娃娃放学了。"侯静边极力举手比画着，边为当年的可爱之举开怀大笑。

当记者打趣："你这虽然没当上老师，但给人'布置作业'的爱好，倒是承袭了下来。当你身为整个项目海上施工作业的总协调人，给每条船分配任务时，有没有似曾相识的感觉？"

侯静恍然大悟："确实啊，真没想到是那会儿就做好了铺垫呢。"

"那时也没有现在那么多的辅导班，没人管我，都是自学，就这么一路读下来了，并且成绩也是数一数二。放假的时候，我就喜欢在家自己做做手工，叠了一盒又一盒小星星，送给同学，别提多开心了。"简单的快乐贯穿少女时代，温柔懂事的乖乖女形象也被亲朋好友公认。

"应该也有过叛逆吧？"面对记者的追问，侯静说，在考大学选择专业这件事上，她与家人发生了分歧。

她不愿妥协，也不容干涉。在她看来，这是"大事儿"，她有着自己的倔强和坚持。

"家人让报医学院，我没报。最后被调剂到武汉水利电力大学，稀里糊涂地去了宜昌。"

"当时觉得阴差阳错，好像我的人生规划都被打乱了，现在想想，'一切都是最好的安排'吧。"与"水"再续前缘的过程中，侯静也在不断与自己和解。

从广元到宜昌，从嘉陵江到长江，似一条雀跃的溪流，侯静在大江大河中一路奔腾。

不过，也有遇到"礁石"的时候。因为年纪尚小，又是第一次离家，别说父母了，就连高中老师和同学都担心："你一个人去了宜昌上学可怎么办呢，谁照顾你？"

侯静也怕，眼底的一泓清泉就这样不争气地化作了泪。"我没离开过家，到了大学就是想家，那是一种天都塌了的感觉。天天哭，晚上睡觉躺床上哭，睁眼也哭。只能给家里打电话倾诉，一个月光电话费就400块。"

"真有这么夸张吗？"

"真的，打小我爸就说我，你怎么就跟个演员一样，说哭就哭，哭着哭着就笑了啊！"

沉浸在"哭戏"中无法自拔，以致侯静压根没有精力学习。"第一次考试，班里 38 个人，我考了第 26 名。而且在 5 个女生里面，我是倒数第一。"多少年过去，这名次侯静依旧记忆深刻，"真是太丢人了。"

这让生性要强的她下定决心奋起直追。"第二个学期开学，我就告诉自己，想家可以，哭也行，但是不能荒废学业。"

"这个学期我考了第四名，大家都对我刮目相看。"果敢的行动力，她也具备。她坚信，要凭自己的本事，夺回自己的面子。

关于这场"哭戏"还有一段"花絮"，让侯静至今想起都哭笑不得。

那是上大学的第一个中秋节，才刚刚开学两天，侯静不知怎的吃坏了肚子，又拉又吐，然后去医院打针。她觉得受了莫大的委屈，就拉上师兄做伴去给家里打电话。

"妈妈问我吃没吃月饼，一听这个，我立马又哭得不行了。最后还不忘跟妈妈说，你赶紧给我寄双家里的筷子啊。"

听到这儿，一旁的师兄和看电话亭的师傅都笑出了声。在他们看来，这个要求实在莫名其妙。可是妈妈能理解，这背后是被爱一路呵护长大的小女儿的思乡之苦。

"他们都觉得我跟师兄长得像，以为是亲兄妹。最逗的是，后来师兄又去打电话时，连看电话亭的师傅都忍不住问：'这回是不是你妹妹又让你妈妈寄勺子了啊？'"

玩笑归玩笑。"妈妈不光给我寄来了筷子，还有巧克力、大白兔奶糖、奶粉、衣服。"侯静掰着手指头细数当年那份治愈感十足的"爱的专递"，一脸甜蜜。

就是这些小物件，慰藉了身在他乡的侯静。她骨子里的感性与细腻，也在此刻暴露无遗。

百川东到海。1998 年，宝珠寺水电站正式竣工，侯静也一路东进——入职中海油生产研究中心（现中海油研究总院）。

"离家去北京报到时，还抱着妈妈哭呢。"侯静坦言。

"你一个人分到了北京，没人陪着，到那儿怎么过啊？"大学同学依然记挂着这个班中的小妹妹。

至此，侯静还是一个典型的小女生——她习惯被大家护在身后，她乐在安心，享受照拂。

转变悄然发生在千禧年。"2000 年是个分界点，都说这是新的开始，我也给自己立了规矩，离家时要忍住，不能再哭，我做到了。"

但是令她措手不及的是，这回轮到父母哭了。"他们年纪大了，这也意味着，我该为他们遮风挡雨了。"

工作上，她也在经历"成长的烦恼"。"刚上班那会儿比较茫然，感觉跟想象的不一样，不知该干什么，浑浑噩噩的。"

"你不能总这样啊，总得学点儿东西。"面对理想与现实之间裂开的一道巨大鸿沟，侯静萎靡不振的状态连同事都看不下去了，便在一旁敲打她。

习惯了优秀，自尊心极强的她顿感不能再迷失下去。"我可不能让人看了笑话，就逼着自己学。我们做设计就要熟悉规范，但好多都是英文的，我就一个一个单词去查。"

2000 年，侯静跟着老师傅做项目。"那时要利用一个烦琐的软件来计算，它的应用说明也是全英文的，师傅让我在一个月内完成计算。"

这对初出茅庐的侯静来说，是个不小的考验。除了咬牙坚持，她没得选择，只能不分昼夜地去抠、去钻，最终提前上交了计算结果。

让大家惊叹之余，侯静也实打实地把自己的英语基础打牢。"特别有成就感，我应该就像弹簧一样吧，给我的压力越大，就蹦得越高。"

迎难而上，愈挫愈勇，侯静慢慢浸润着如水般的柔韧，为向海出征做好了准备。

2001 年，开始专注海管设计工作的侯静第一次出海。在前往渤海歧口 18-1 平台的拖轮上，害怕坐吊笼的她经历了激烈的人生思考。

"如果我不坐吊笼，那我只能在船上待着。如果大家都能做到，那我肯定也能。"

始料未及的是，侯静刚鼓足勇气登上平台，却迎面泼来一盆冷水，浇了个刺骨寒。

"平台的安全监督一看，说怎么还有两个女的？你们吃完饭就回去吧。"

"那不行！我俩坐了一天拖轮，好不容易才到这儿，这么累，什么活儿也没干啊，我们不能回去。"

"平台上可没有地方住啊！"

"我们住办公室、会议室。反正不管怎么样，我们俩也不能就这么回去了！"

这就等于，侯静好不容易在心理上战胜了自己，却又遇到了更为强大且凶猛的"对手"——对女性的偏见与规训。强大到，明明是根深蒂固的歪理，却又如此振振有词；凶猛到，如此轻易且猝不及防地出击，犹如当头一棒。

"这是我第一次体会到这个行业里男女的区别。我偏不信这个邪，这又不是干体力活儿，男的能干，女的照样行，只要肯用功，还能干得更好！"侯静内心升腾着打破刻板印象、证明自己的强烈欲望。

怎么办？还是那个道理——通过努力，强大自己。

在此过程中，贾旭、刘元永、尤学刚几位师傅的点拨与引领，也让她受益匪浅。

2004 年，侯静第一次独立担任项目基本设计的专业负责人，承担起润洲油田群项目前期研究、设计、采办到海上铺管安装等全流程跟踪工作。

"那时的我，还很'菜'。"侯静说，那会儿是师傅贾旭经常给自己加油。"他外表看起来就温文尔雅，脾气也好，耐心地指导我去学习规范，从他那里得到的总是鼓励。当时有3条管线要我自己去做，虽然规格书都是标准的，但为了加深印象，我就自己在计算机上再敲一遍，熟能生巧嘛！"

2010年年底，由中国海洋石油集团有限公司（以下简称"中国海油"）与加拿大哈斯基公司合作开发，我国首个水深超过1500米的大气田荔湾3-1气田即将进入工程建设阶段。中国海油集中科研优势兵力，希望通过联合研究和平行设计实现深水工程技术的积累和储备，培养一支中国自己的深水人才队伍。

侯静抓住这次外部交流的机会，加入荔湾3-1项目组担任海管部设计建造经理，也结识了第二任师傅——老专家刘元永。

"你做得不好，就得批评你。"侯静总结刘元永的为师原则。

她至今记得，自己工作出错后和刘元永通电话时被训哭的情景，直言那是一段科研工作者珍贵的时光。

"要在挨骂的过程中去总结经验教训。"刘元永的严厉让侯静明白，和风细雨是爱，惊涛骇浪亦是。

"2018年年初，'深海一号'基本设计刚刚做完，那会儿我还没到项目组呢，尤学刚（陵水17-2开发项目总经理）问我项目工期计划能否实现？"

"工期只能是这样排，但实在太紧了，很难实现。"

"你在荔湾干过，更应该心中有数，既然实现不了，为什么不做个切实可行的？"侯静回忆着尤学刚的责问，当时恰逢项目审查会的中场休息时刻，好多人都在呢。"真的是很大声，'恨铁不成钢'的那种责骂，我还得忍着不能哭出来。"

侯静不服气："我干了这么多，多累啊，排计划时担心整体思路断掉，不敢休息，就这还排了一个多月。没有功劳，也有苦劳吧？"

尤学刚的斩钉截铁让她幡然醒悟："在事情做错的时候，所有的苦劳，都化为乌有，懂了吗！"

"成长的过程中，每个师傅都在用不同的方式带我，从他们的言行中领悟的内容也不一样。

"比如，在海上干活是'看天吃饭'，领导关心的安全问题、经费问题、工期问题……汇报沟通前，需要分析透彻，将方案细化。讲清楚每一种方案要多少经费、优缺点、建议选择哪一种。而不能等着领导问你，再去测算，根本来不及。

"再比如，在海上工作，优柔寡断是大忌，杀伐决断的同时要考虑好依据和后果，当然，这些都与阅历分不开。"

起步阶段，贾旭的循循善诱让侯静倍感安心，在陆上练就了扎实的基本功。紧接着，刘元永和尤学刚的教诲与苛责，又让她对海上实操有了更为深刻的认知。"这个排列的顺序也好，有种水到渠成的感觉。"

"在电视上看到我后，我们大学学生处的魏雪梅老师在微信留言说，'觉得和在学校时的乖乖女联系不上，眼神和精神风貌都是那样的自信和坚定'，很多同学也深有同感。

"确实，我也觉得变化挺大的，特别是自己独立生活后。"说这话时，侯静的眉宇间，那股英气占了上风。

几经淬炼，侯静从起初更想安安稳稳坐办公室的乖乖女，成长为在我国深水油气田工程建设领域拥有多项技术创新和发明专利的海管工程师。

靠实力，侯静一步步实现自我蜕变。此时的她，正于海水的微波粼粼处，饱蓄洪涛大浪的气象。

风雨同舟

"其实这个项目，感触最深的，是团队的力量。大到整个项目组，小到深水管缆这个部门，大家都是团结一致的，劲儿往一处使。"侯静在交谈中反复强调。

"深海一号"施工期间，为了随时掌握海上的最新动态，侯静大多时间以船为家。深水多功能水下工程船"海洋石油287"成为她的"避风港"。

侯静检查钢悬链立管清管球

"这里的小伙伴对我特别特别好，虽不是亲人，却胜似亲人。时间长了，他们都喊我'侯姐''姐姐'，不管年龄大小。"

所谓风雨同舟，大抵不过如此吧。

在战天斗海的过程中，他们缔结了一种坚不可摧的战友情，甚至在彼此的生命中留下不可磨灭的印记。

这印记留存于侯静的朋友圈中。对于这段经历，她有着大篇幅的着墨，就连饺子、方便面、青团等都参与叙事。

"见到了中秋团圆的月亮，吃过了最香的过年团圆饺子；见过了最美夕阳的辉煌；领略了双彩虹的壮观，见到了传说中会飞翔的鱼；走过了冻得跳脚的寒冬，经历了炙烤疼痛的夏日；吃到了最好吃的蛋糕，还有那份满满的都是爱的海上专送外卖。

"感谢各位小哥给我煮的方便面，切的胡萝卜，自制的豆腐乳汉堡，复活节的彩蛋，船长亲自做的华夫饼，还有最让我们快乐的自嗨锅！想念生活中的点滴关怀与亲情，感谢 45 天的陪伴，永远的情谊！

"各种悲剧的故事，所幸都完美结局，各位小伙伴你们懂的。经历过，方知那碗方便面的情谊，还有小伙伴大老远海陆空快递送来的青团。"

…………

一字一句，一帧一画，都透着不舍与真情。比起大开大合，侯静更看中的是那些平日里最不起眼的点点滴滴。

"船上的手套都是按男性的尺寸定的，我戴着很大。有一次，我看到我的桌上多了一副粉色手套，戴着正合适。"

当她问起是谁给的，身旁的小伙伴解释说，本想自己买一副来用，结果买小了，就顺手给她试试。

"可拉倒吧，哪儿有一个大老爷们买粉色手套的？分明是特意给侯姐准备的吧！"没想到，这拙劣的说辞被另一位实在听不下去的小伙伴当场拆穿。

如此无微不至的关怀，在"海洋石油 287"船上比比皆是。

"我的皮肤很敏感，对紫外线过敏，特别怕晒，他们就给我买了防晒的面罩。结果试了下，发现没法戴护目镜了。又不厌其烦地去换。

"看我的碎发一直往下掉，还给我买了发卡带上来，上面还有可爱的动物图案。

"一个 95 年的'小暖男'给我带了乐高,让我空闲的时候放松一下。

"即便回陆地打疫苗,也要抽空找商店给我买零食。还不好意思地跟我说,'姐,真没什么好吃的,就这么点儿'。

"每次我上船或者离船,他们都会精心准备一个蛋糕。能感受到,他们是打心眼里想让我高兴、开心。"

侯静所指的蛋糕,记者在她的朋友圈里见过。五颜六色中,赫然呈现六个大字——"静等候 早归回"。

不突兀、不落俗,看得出,这份对侯姐的爱与盼,着实掺了一番巧思。

还有一份"外卖"戳中侯静心窝,在采访中被屡次提及。

她在外籍船上工作期间,外籍船执行防疫规定,难以及时补给食品。"那会儿一直吃的是水煮西兰花、水煮土豆,蘸沙拉、蘸酱油变着花样儿吃,真是腻了。到现在快一年了,我都没碰过西兰花。那香蕉硬得要命,吃的时候都得用刀削。到后来,船上连续四天都没有水果和青菜。"

"海洋石油 287"的小伙伴得知后,立即想办法送来物资。

"'外卖'里有酸辣土豆丝、酸菜鱼、炒生菜、汤、馒头和一筐水果。"用不着刻意回想,侯静脱口而出,"里面还附带一张纸条:'娘家口味,每一口都是温暖,记得给个好评哦'。当时看到这个纸条,我就哭了。"细数"外卖"的种种,侯静的神态与讲述在大学收到妈妈寄的筷子时如出一辙。

成为名副其实的"团宠",如此看来,想必在"海洋石油 287"那些并肩作战、共同进退的默契搭档的眼中,侯静定是有着不凡的人格魅力和圈粉秘籍吧?

记者试图在一众小伙伴的描摹中探寻答案。

"第一次看见侯姐,我心里是有困惑的。"说这话的逯鹏涛是"海洋石油 287" 船的电气工程师。

"那是 2020 年 11 月，侯姐第一次上船，我就在想，这么大的一个项目，怎么交给一个女的坐镇指挥？"

其实这种质疑，侯静碰到过不止一次，由此还衍生出一个"段子"。

"我去外籍船上的时候，需要登记嘛，我的'侯'拼音是 h-o-u，'深海一号'的'号'是 h-a-o，但是外国人可能分不清。他们就私底下打听：'你们那个 big boss，家里是不是特别有钱啊？'深海一号'竟然是以她的姓命名的？'"

每次说起这个，大家都哄堂大笑："原来侯姐也曾被怀疑'带资进组'啊，哈哈哈！"

"那侯姐到底是怎么征服你的？"面对记者的追问，逯鹏涛说："有一次，我们船方、项目组以及岸基支持团队进行了一次项目交底会。就是在那次会上，侯姐确立了在我心目中的地位。当时，我们对作业现场可能遇到的各种风险进行分解分析，侯姐最后一个发言，她一上来就一口气提出了八条安全建议，而且每一条都是细节，每一条都直击要害。当时我就想，在座这么多人，为什么就没有一个人能想到这几条风险，只有侯姐想到了呢？这就是专业，没有丰富的现场作业经验和扎实的专业基础，她是不可能想到这些的。"

也就是在那么一瞬间，逯鹏涛心中的那个小问号，一下子就变成了感叹号。"从那一刻起，我就开始崇拜侯姐了。"他告诉记者。

"而且，我们讨论方案的时候，在听到侯姐有理有据的分析后，大都会采纳她的意见。"

由于涉猎广泛，侯姐总能在各个身份间自如切换。"一会儿从业主变成承包商，一会儿从部门经理变成工程师，一会儿又从安装工程师变成调试工程师。"逯鹏涛说。

常驻"海洋石油287"船的施工经理康建明与侯静共事近一年。"是侯姐的所作所为，彻底颠覆了我对业主甲方的认识。"

康建明谈到了两个细节。

"第一，她每天都会逐字逐句地仔细审阅船舶作业日报，标记出日报中的错误和一些不妥之处，并督促我们修改。第二，每次在关键作业之前，她总是能比我们这些实际作业的施工单位更全面了解作业内容，并主动把控作业细节，制定合理且精确到分钟的作业计划，大大提高效率，节约项目成本。"

康建明无法理解侯姐是如何做到统筹全局的。后来，他发现侯姐果然修炼了"深海秘籍"——一个随身携带的笔记本，上面记录着各种参数、时间轴、简图和关键事项。

"每天，她都会第一时间汇总更新各作业板块的作业数据，爬上爬下检查各种设备和工具，以便掌握第一手信息。"康建明告诉记者。

此为专业过硬。

"何止'秘籍'，就连侯姐的草稿纸，都是认认真真一笔一画，就像打印机打出来一样的。""海洋石油287"船电气工程师徐建形容称。

"侯姐给我的第一印象，就是工作上认认真真，做事一丝不苟。记得有一次去她的房间帮她修理计算机，桌子上摆满了草稿纸，上面写得密密麻麻，而且画了一些草图，也是特别精细。当时我还和她半开玩笑地说：'侯姐，你这是要参加高考啊？'"

"这是我的草稿纸啊。"侯姐的回答让徐建特别惊讶，因为在他的印象中，草稿纸就该是涂涂画画、修修改改的。

在徐建看来，侯姐连草稿纸都如此精心对待，更别提其他的事情了。"这种精神值得我们每个人学习，太钦佩侯姐了。"

此为精益求精。

与侯姐初见的情景，也在"海洋石油 287"船大副王靖凯的记忆深处。"2020 年 11 月，'海洋石油 287'船在深圳赤湾石油基地码头完成陵水项目动员，准备前往工区。由于前往工区的海域受寒潮影响，我们决定申请第二天 21 时的航道出港，但是为了抢工期，在业主的强烈要求下，出发时间提前为第二天 9 时，用香港航道。"

"这给我们带来了两个困难，"王靖凯说，"第一个是当时香港的新冠疫情还相当严重，而从香港引水上船给我们的疫情防控带来了很大的挑战；第二个是前往工区的海域仍然受寒潮的影响，船舶摇晃得非常厉害，很多项目人员都出现了不同程度的晕船反应。"

在第二天的项目例会上，王靖凯第一次见到作为业主代表的侯静。

"她的第一句话就是，'海洋石油 287'船这次出港计划的更改，是她强烈要求的，因为必须要在预定的时间抵达工区，这个天气作业窗口已经等了一个月，来之不易。也正是因为侯姐的精准调控指挥，我们才在这次天气窗口完成了预定的任务。"

然而，随着跟侯姐的接触越来越多，王靖凯才知道，侯姐在途中也出现了严重的晕船反应，饭吃不好，觉睡不好。"但是她每天仍然以饱满的激情出现在工作现场，这就是我学习的榜样。"

这一点也在侯静那里得到了印证。"为了确保'深海一号'按时投产，必须赶在好天气作业，所以我们每次都在坏天气中往返。这很正常。"她云淡风轻地说。

"但是晕船又要怎么克服？"

"吃了就吐，胃里还不能空着，更难受，也没法干活。索性守着垃圾桶，边吃边吐吧。不能躺在床上，晃得不行，就干脆抱着被子躺在地上，然后手里拿个橙子，闻闻味儿。那船晕得，说实在的，想跳海！不过也都挺过来了。"

侯静在"海洋石油287"船检查注水堵头密封圈

此为坚韧不拔。

"海洋石油287"船大管轮邹晓东眼中的侯静，时而严厉，时而亲切；工作和生活，她拎得清。

工作上"对事不对人"，该是传承了刘元永和尤学刚的行事风格。生活中或诙谐、或体贴、或达观的桩桩件件，又让大家倍感温暖。

"给我印象最深的一次是我们返航深圳的途中，大家都在忙于设备的维护保养，侯姐在休息时间了解到我们有一位同事要在深圳休假，于是，她亲自到厨房和面、拌馅，为我们包了一顿美味的饺子，还有她那灵魂蘸料，让我们至今回味无穷。"邹晓东回忆道。

程相埔是"海洋石油287"船的轮机长，"侯姐在生活中就像一个和蔼可亲的大姐姐，给了大家细致入微的关怀"。

"出海时间久了，难免会想家，情绪就会有所低落。侯姐就常常和我们一起拉拉家常，组织大家一起搞一些娱乐活动，使大家的生活不再单调，充分调动了大家的工作热情。"

程相埔告诉记者，闲暇之余，侯姐还自学了理发的手艺。

"有一段时间，出海久了，加上疫情影响，大家都没有机会理发。侯姐看到我们的头发都比较长，就自告奋勇要给我们理发。刚开始还以为她的手艺非常娴熟，我就成为第一个'吃螃蟹'的人，后来才知道，她这是第一次。"

"感受如何？"

"我坐在那里一个多小时，她就兴致勃勃地修修这里、剪剪那里，最后总算勉强成功了，效果还不错。"程相埔说。

从此每到周末，小伙伴们有需要就叫侯姐过去理发，侯姐的技艺也日渐精进，成为名副其实的"深海托尼"。

这是一个把拼搏和关心都绑在一起的团队。出海时，侯静会特地背几桶棒棒糖上船，寓意"大家都棒棒的"。从那以后，倒班休息的角落里总有一两个叼着棒棒糖的施工人员出没。

但凡去一线，侯静都有一个惯例——给施工人员送上巧克力。"给他们补充下体力和能量，那么热的天，看他们汗水浸透衣衫，还朝我憨憨地笑，太催泪了。"

"侯姐，怎么不知不觉，活儿干得这么快呀？感觉都刹不住车了！"

"你问我嘛，这不得问你们自己嘛！"

又是一片欢声笑语。

"我经常在想'谁是最可爱的人'，这不都在我身边嘛！"侯静的幸福溢于言表。

此为一视同仁。

至此，侯静专注且敬业、乐观而无畏、低调却坚定的气质面貌，愈加立体。

在侯静看来，一声"姐姐"无关年纪，自带使命感。"我是要对他们负责的。"

"作为一名女性，侯姐都这么拼，我们男的没有理由不努力去好好干。"这已成为大家的共识。

"那也行，我让你们更拼，你们让我更踏实。"侯静说，这份踏实是无论面对任何风险，她都可以把后背放心地交给对方。

"通过'深海一号'这个项目，我学到了很多知识，还结识了一帮志同道合的朋友，这两样，谁都拿不走。"侯静牢牢地护着这份情。

程相埔很怀念和侯姐一起工作的日子。"希望以后还有机会让侯姐练练她的手艺。"

"有她在，大家都很安心。"康建明说，他很幸运能和侯姐共事，但也很遗憾，快乐的合作时间实在太短暂。

"侯姐，你可一定要常回家看看，'海洋石油287'船的大门永远为你敞开。"康建明直抒胸臆。

或许是冥冥之中听到了这声发自肺腑的召唤，2022年2月，侯静再次登上"海洋石油287"船，录制中央电视台2022年三八国际妇女节特别节目《花开中国》。

接到消息，小伙伴们喜出望外，当即商定献唱一首侯姐最爱的《怒放的生命》，为她接风洗尘。

"我想要怒放的生命，就像飞翔在辽阔天空，就像穿行在无边的旷野，拥有挣脱一切的力量……"高亢的音乐响起，过往的画面闪回。一时间，酸甜苦辣与悲欢聚散全部涌上心头，侯静热泪盈眶。

"我是真没想到还有这个互动环节，提前没有任何心理准备，现场哭得稀里哗啦。也没人提醒我身上带个纸巾啥的，只能拿工服去擦。还有，怎么中间还忘词了呢？不是说提前半个月就开始练习了吗？"侯静吐槽着，眼神里却是浓得化不开的爱意。记者听着，都不自觉地跟着嘴角上扬。

她犹记得，那天有人在朋友圈调侃："唱歌不齐，差评！"

这何尝不是一场真挚而朴素的双向奔赴！

"姐姐，你负责乘风破浪，我们负责为你保驾护航啊！"小伙伴们吐露心声。侯静说，这是她听过的最动人的告白。

相较刚入职的那几年，此时，惯看了南海风云的侯静，已慢慢沉淀出几分魄力与理性，还有生活的粗粝感。但丰盈充沛的情感并没有因此折损半分，感性与柔情的底色一直都在。

碧海丹心

自 2015 年加入"深海一号"大气田前期研究设计项目组，侯静始终怀揣对深水的敬畏，以实干践行"碧海丹心，能源报国"的承诺。

直到现在，断续睡眠的夜里，潜意识编织的梦境依旧属于澎湃的"深海一号"。

彼时，中国海油的浅水石油开采能力已达到世界先进水平，但是深水油气田开发"一无技术、二无资源、三无经验"，一切都是摸着石头过河。

一如当年父母面对国家需要，一头扎进历史的洪流，从容战斗。这一次，面对我国第一个真正意义上的深水项目，侯静毅然出征，不曾有半点迟疑。甚至颇感与有荣焉，"是我的运气好，赶上了"。

然而，细聊下来记者发现，侯静所指的"幸运"，实则是多年阅历的积淀。

参加工作 20 多年来，从渤海的渤中油田到东海的春晓气田，再转战南海的流花、荔湾、"深海一号"大气田，侯静一路南下，一路攻坚，作业水深也从 5 米、30 米、300 米直至 1500 米。

也正是那些年默默的积累和提升，内化为厚重的力量，赋予她十足的底气。

侯静审查设计文件

侯静和项目研发设计团队一起，一方面全面对标国际上几十个典型深水气田的开发模式、技术方案、建设实践经验与教训，另一方面充分调研、分析国内建造场地和安装资源，进行量身定制化设计。

由于我国在深水油气田开发方面起步较晚，一些关键技术受制于国外厂家，处于被动地位。

钢悬链立管广泛用于深水油气开发，一端连接海上浮式生产系统，一端连接海管，是海管内介质通往海上浮式生产系统的重要通道。

"深海一号"能源站的设计标准是 30 年不回坞，这对与之配套的钢悬链立管提出了很高的质量要求。

起初，购买是最简单的路。

"调研时我们发现，能够生产符合要求的钢悬链立管的厂家全球只有两家。进行技术性谈判时，其中一家外国厂家和我们就仲裁地的选择产生了分歧，且外方态度强硬。"

"你们没有选择我们，咱们拭目以待。"侯静犹记得对方没有中标，临走时撂下的这句狠话。

这在侯静听来，侮辱性极强。"人微言轻，这滋味太难受了，必须研制国产钢悬链立管。"她暗暗立志。

2019 年夏天的一个晚上，深思熟虑后的侯静拨通了项目经理尤学刚的电话。电话里，侯静第一次提出钢悬链立管国产化的建议。

"你觉得能不能做出来？需要多少钱？如果做不出来，会有什么后果？怎么解决？"

"我觉得没问题。"侯静一股脑儿把自己的想法、方案和盘托出。

刚说完，电话那头只传来三个字："那就干！"

"大家选择信任我，对我就是莫大的鼓励。"

此后一年，侯静和团队成员联合国内供货商围绕化学成分、力学性能指标、疲劳因素等，对管材开展联合研究、分析和试制。

"这个管材的配方，就像咱们炒菜一样，那个'油盐酱醋'搁的比例是多少，要求非常高，这直接决定了管材的强度、韧性和硬度。

"制管工艺也有严格的要求，后期管端需要精加工，加工的坡度也有讲究，稍有不适便会造成应力集中，那么在这块儿它就是一个薄弱点，容易断裂。"

每一关都倾力投入，每一步都稳扎稳打。"好在结果不错，成了。"

说这话时，侯静攥紧了手头的笔。牢牢握在手中的，还有关键核心技术。

在产品验收专家会上，侯静自信地说："外国人能行的，我们中国人更能行。"

据统计，国产钢悬链立管在摆脱进口材料依赖的同时，节省费用2000万元。至此，我国成为世界上第三个能够生产大口径厚壁无缝钢悬链立管管材的国家。

钢悬链立管首次在国内应用，一旦作业过程中出现失误或屈曲，就必须重新铺设。

重担落在了侯静肩膀上。她带领团队开展细致而周密的准备工作，海上施工关键作业连续40小时不眠不休，仅用时10天就完成了国内首条钢悬链立管的自主铺设作业。

随后，她细化回接方案，组织召开5次审查会、3次回接沙盘演习，充分识别风险并制定应对措施。2021年2月28日，国内首条钢悬链立管的提拉回接作业仅用时20小时就顺利完成，用时仅为国外同类施工作业的一半。

"要知道，2004年涠洲项目所在海域水深只有30米，那是中国海油第一次使用国产钢管并在该海域采用单层保温管。而如今'深海一号'能源站所处海域水深达1500米，采用31.8毫米大壁厚无缝钢悬链立管，这不仅仅是量的飞跃，更是质的跨越。"

从第一根国产海管到第一根国产钢悬链立管，几字之差，折射的是十几年间我国深水工程技术体系在理论研究、设计方法、软件研发、管理模式等多方面进行的深刻变革。

"干完之后，我就站在那个201船驾驶室的角落里哭。就是高兴啊，毕竟深水作业，不允许有半点失误。"

除了喜极而泣，还有压抑许久的释放。

2020 年 9 月 29 日，"深海一号"接入崖城天然气管道水下带压开孔作业时，遇到突发情况。

"侯姐，开孔机内压力无法泄压，开孔机无法拆除。"闻此，侯静大为震惊。"之前做了很多试验，真没想到阀门本身会有问题。"

"这意味着开孔处阀门可能失效，导致崖城到香港的输气管道泄漏，经济损失至少 1 亿美元，这个数额太大了，简直无法想象。而且马上就是国庆节。"多重压力向侯静袭来。

"那真是一段天天都在爆雷的日子，感觉怎么那么难的事儿，都让我赶上了啊！"侯静如是形容。

即使内心同样忐忑，表面也得故作镇定。"他们都看着我呢，扛吧！"

"马上启动应急预案。"在检查完开孔机密封状态、确保崖城管道安全后，侯静逐一梳理作业过程，并与陆地模拟试验进行对比。

"那年 10 月 1 日，又是中秋节，船上还给大家准备了蛋糕，但是谁也没有心情。"

那晚，侯静坐在直升机甲板上，静静地看着圆圆的月亮，黑夜无边，一波波浪花涌上，仿佛要吞噬一切。"哎呀，真的是想死的心都有了。"

但是，侯静的过人之处就在于，周遭环境的变迁反倒更能激发她的韧劲。女性的细密心思，能让她抓住每一寸希望，如流水般，在柔和中蓄能，在平静中改变。至柔至善，仍可磨碎石子、改变河道。

有了这份坚毅打底，甲板上的侯静，看似寸步难行，实则海阔天空。"转念一想，都坚持这么久了，不能当逃兵啊。我就假定用三天的时间能解决问题。三天很快就会过去的，所以事情很快就会解决了。"

临危不乱，以柔克刚，方可徐徐图之。

熬过数个不眠之夜，通过采用增加阀门背压、快速泄压的方式，10 月 4 日，阀门功能恢复，完成开孔机和主管线的隔离。

"这还不算完。阀门不能处于'带病状态'，要保证万无一失，要完成第二个球阀的安装，确保实现双隔离。但是，预报台风6日就要来。"

安装球阀当天，阵风风力已达到9级。侯静站在甲板上，任海浪打在身上、脸上。工程项目组工程师梁清文实在心疼侯静，多次劝她先回房间休息。

侯静却说："潜水钟里还有三个人在为我的项目拼命，我得看到他们安全回来才踏实。"

一个半小时后，潜水钟被安全回收。

"不容易啊，真的是台风追着屁股跑。"侯静感慨道，"记得那天，负责陆地支持的小伙伴发了一条朋友圈消息：'国庆假期从今天开始'，船上1米8高的小伙子坐在地上哭。"

"那你呢，怎么宣泄？"

"我安慰完他们，就一个人跑到房间里默默地哭。"这一刻，侯静终于不再克制，隐藏的软弱、狼狈、疲惫，也可一一卸下。

"哭完之后呢？"

"笑着走出去！哈哈哈……"侯静的回答多了几分俏皮可爱。

"到现在我还清楚地记得，关阀的手柄转了830圈，在阵风9级的海况下，每一圈都觉得那么漫长。"惊心动魄、险象环生的8天，侯静瘦了14斤。

"打那之后，我觉得好像也没有什么过不去的事情了。"久经打磨与考验，侯静也发掘出自身更多的可能性。

海上作业是集体作战，这意味着侯静必须有强大的协调和临场应变能力。

为了统筹庞大的作业团队、节约高昂的施工费用，"深海一号"超深水大气田开发项目开展海上作业两年来，侯静长期坚守在作业现场，见缝插针地安排每条船的作业内容和流程，推动实现多船组 24 小时不间断协同作业。

"侯姐太有才了，她可以管一切。"与侯静共事的项目组浮体工程师冯晓宁说。

"当时'深海一号'周围十几条工作船可以说都得听我的了，哈哈。"回忆当时调兵遣将的日子，侯静开着玩笑，看不出半点压力。

实际上，这份运筹帷幄来得并不容易。

出海的日子，侯静房间的监控屏幕上 24 小时播放着 ROV（遥控潜水器）、吊机等关键作业设备的实时监控图像。午夜，她会爬起来查看手机里的工作进展，处理海底管道施工安装时出现的各种情况和问题。睡不了整觉的习惯，就是在那时养成的。

深水作业在中国没有太多成体系的经验可遵循，没有机会可容错，因为一切不可逆。当被记者问及每一次调整作业计划时，会不会心里打鼓，侯静意外地回答得很干脆："没有，每一个决定都建立在当时充分的沙盘推演和技术交底之上。现在回过头看，一切都是最好的安排。"

如此果断笃定，得益于多年前的一次海管敷设经历。那时，侯静还没有成为"侯姐"，在某个节点处理作业的时机选择上，她与作业经理产生了分歧。对方坚持在张紧器前完成节点处理，但侯静持保留意见。

"为什么这样不行？"作业经理问道。

侯静一五一十说出了自己作为设计者的专业分析。

"那你有什么办法？"

侯静答不上来了。

"如果你现在没有更好的办法，那就听我的。"

事后复盘调整方案时，作业经理同侯静聊起自己的理由——海上作业对天气要求极高且成本高昂，时间珍贵，耽误不得。所以在那个时刻，只能采取当时相对成熟的方案。

"他的话我至今难忘，他让我意识到，在海上，除了能够提出问题，你还必须要有快速解决问题的能力。"

2020 年，陵水项目的海管敷设正式拉开序幕。一部分由自有船舶"海洋石油 201"完成，另一部分由外籍铺管船完成。

"快一点，再快一点！"南海陵水海域，一场特殊的"比赛"正在进行。

由于新冠疫情肆虐，参与海上作业的铺管船迟迟无法到位，导致原计划 3 月开始的海上铺管，一直推迟到 5 月才正式开始。

"侯静，耽误的两个月工期，你能赶回来吗？"项目经理尤学刚焦急地询问。两个月时间，看似不长，但由于海上作业受天气影响非常大，后续可作业的窗口期无法确定。如果抢不回来工期，"深海一号"大气田如期投产势必无法保证。

为此，侯静对"海洋石油 201"船做了大量的调研工作，了解可能会影响作业效率的因素，最终通过控制钢管管端剩磁量、增加冷却水、加大内对口器压力等措施，大大缩短了各个作业站工作时间。

对于铺管船，侯静决定，"海洋石油 201"船和外国铺管船同时施工，开展作业竞赛，并对需求受理、管线装船、吊装作业等环节进行全时组织和盯控，全力保障作业质量和速度。

经过详尽的调研和优化工作，侯静信心满满地立下了军令状："虽然比计划晚两个月开工，可我有信心抢回来，我想我们可能还能干得再快一点。"

"国内和国外作业船各有优、劣势，谁也不服谁，这场竞赛正好可以让他们取长补短。"深水管缆部海管工程师黄兆力佩服地说。

南海铺管现场，温度高达 37℃，只要 15 分钟衣服就能粘在身上。即使会被热辣的阳光晒伤皮肤，侯静也依然"站在该站的位置"，没有一步退缩。

侯静在外籍铺管船敷设海管

这只是一个缩影。七年间，侯静的身影穿梭于"深海一号"大气田建设的各个工作地点。在塘沽设计现场，她和设计人员彻夜讨论设计和施工方案；在青岛建造场地，她爬上平台进行立管的清管试压工作；在烟台大合龙场地，凛冽的寒风中，她和同事一起冒着大雪在平台上测试立管提拉设备，手脚冻到失去知觉；在严重的疫情期间，她仍然坚持带队登上外籍铺管船，在外籍船上累计工作 68 天，共计节省 18 个船天、6000 多万元船舶费用，就连有着丰富经验的外籍施工总监都竖起了大拇指……

七年磨一剑，不知蹚过多少激流险滩的侯静和团队成员赢来无数个深水作业纪录：1542 米水深、单日最大 3.4 千米的海管敷设纪录；仅用时 13 个小时便完成最难啃的"硬骨头"——4.5 英寸（合 114.3 毫米）跨接管安装；集中解决施工高峰时作业船舶"塞车"难题，提前 16 天完成所有海上作业……

2021 年 12 月 23 日，侯静和"海洋石油 287"团队顺利完成钢悬链立管监测设备安装，至此"深海一号"大气田海上安装作业完美收官。

她在朋友圈分享了一组美丽的海上彩虹照并感叹："23 号这个日子和我真是有缘啊，半年前的 5 月 23 日，也是这样一个海上有双彩虹的晴天。"那天，侯静和海管铺设团队完成全部 6 条钢悬链立管安装作业，"深海一号"超深水大气田海底管道和立管实现全部贯通。

"从那之后，我更加相信，风雨过后，都是彩虹。"侯静的眼神灼灼发亮。

昔日，多少次跌倒在路上，多少次折断过翅膀；今朝，矗立在彩虹之巅，穿行在璀璨星河。两次双彩虹的出现，昭示着海洋石油人风雨无阻的必胜信念，诠释出海洋石油人争油夺气的家国情怀，为能源报国写下生动注脚。

"一个人的力量是单薄的，团结就是力量，所向披靡。"侯静深信不疑。

一节党课让逯鹏涛记忆犹新。"那次，侯姐跟我们分享了'深海一号'建造过程中的小故事，为我们讲解了'深海一号'从设计、建造，再到后来投入生产的整个过程。

"我记得很清楚，有一张幻灯片是在烟台场地，'深海一号'就矗立在那里，大雪纷飞，每个人还都在各司其职，坚守在岗位。给我带来了很大的心灵震撼。"

在逯鹏涛的描述中，一幅海洋石油人群像图渐次铺展开来。

1982 年 2 月 15 日，中国海洋石油总公司在北京东长安街 31 号正式挂牌成立。凑巧的是，这一年，5 岁的侯静踏上求学之路。回望侯静的成长史，重合的正是中国海油 40 年向海图强、砥砺前行的奋斗历程。

放眼大时代，为把能源饭碗牢牢端在自己手中，保障国家能源安全，一代代海洋石油人前赴后继，从浅水走向深海，书写逐梦兴海强国的蓝色史诗。

朵朵浪花怒放，激荡出大海波澜壮阔之势。

从一朵浪花到"亿"朵浪花，他们拥有同一个名字——海洋石油人，也肩负同一项使命——我为祖国献石油。

这该是无数个"侯静"无比坚定的信念感的来源。有这份信念牵引着，他们与海共舞，奔涌不息。待到下一轮怒放，惊涛拍岸，必将是另一番壮美。

（秦海丽　李佳斌　王雨峰　曲艺）

微信"扫一扫"观看视频

逐梦深蓝的奋斗者

——记中国载人深潜事业的实践者叶聪

"我们的深潜装备从无到有，从无人到有人，从简单下潜到复杂作业，是老一辈科学家用肩膀托起来的。我们要牢记传统又要开拓创新，所以'奋斗者'号远远不是终点，应该说，我们刚刚打开了深海的一道门缝……"

——叶聪

　　叶聪，我国深海装备事业的领军人物，"奋斗者"号全海深载人潜水器总设计师。他长期从事载人潜水器设计理论研究与技术攻关，积极践行"严谨求实、团结协作、拼搏奉献、勇攀高峰"的中国载人深潜精神，在载人潜水器超大潜深耐压结构设计理论研究、总体设计、人机工效设计、潜水器操作驾驶和潜航员培训等方面做了系统化的创造性工作，遍及装备的研制、试验、应用、质量管理和成果转化，为我国深海装备研发、深渊科学研究作出了重大贡献。

"万米海底，妙不可言。"2020 年 11 月 10 日，"奋斗者"号载人潜水器在马里亚纳海沟成功坐底 10 909 米。通过载人潜水器搭载的声学通信系统，潜航员从万米海底传回了科技自立自强的"中国之声"。

"奋斗者"号载人潜水器成功下潜万米，创造了我国载人深潜的新纪录；而这段万米海底之路，中国载人深潜团队走了 20 年。这 20 年，也是"奋斗者"号载人潜水器总设计师和海试总指挥叶聪的勇往直"潜"的奋斗史。作为我国深海装备事业及深海载人潜水器技术的领军人物，叶聪长期从事载人潜水器设计理论研究与技术攻关。他相继担任"蛟龙"号载人潜水器主任设计师、首席潜航员，"深海勇士"号载人潜水器副总设计师，"寰岛蛟龙"载客潜水器总设计师，"奋斗者"号载人潜水器总设计师和海试总指挥，ISO 潜水器工作组召集人。

站在今日，回顾这位领军人物的卓越成就，可见他身上的诸多荣誉：曾荣获国家科技进步奖一等奖、中国造船工程学会科技进步奖特等奖等国家级和省部级科技奖励 10 余项，被授予"中国载人深潜英雄""改革先锋""全国优秀共产党员"等称号，获全国五一劳动奖章、中国青年五四奖章等国家级和省部级表彰 20 余项。荣誉的背后是这些年来叶聪积极践行"严谨求实、团结协作、拼搏奉献、勇攀高峰"的中国载人深潜精神，在载人潜水器理论研究、总体设计、潜水器操作驾驶和潜航员培训等方面所做的系统化创造性工作，为我国深海装备研发、深渊科学研究作出了重大贡献。

叶聪带领"奋斗者"号探底全球海洋最深处的时候是 41 岁；带领团队研发"奋斗者"号时，他不过 37 岁；而成为我国第一艘深海载人潜水器"蛟龙"号主任设计师时，他只有 24 岁。从一名刚毕业的"热血青年"，到被称为"载人深潜事业的实践者"，这近二十载的筚路蓝缕与我国载人深潜事业的二十年壮阔征程可谓是风雨同舟，叶聪的奋斗史，亦是中国载人深潜器发展史的侧写和缩影。

逐梦深蓝，是深藏心底的海洋梦

"我感到幸运的是，从事的工作是我喜欢并且愿意坚持做下去的事。"叶聪曾这样说。在成长为中国深海装备事业的领军人物之前，叶聪是一个上课喜欢走神的"不优秀"学生。他曾自谦"高考分数不高""注意力不够集中"，也曾古灵精怪、调皮捣蛋。但如今，他正从事着一份对专注力要求极高的职业。回顾成长的脚印，观察这位领军人物"逐梦深蓝"的历程，可以看到他与海洋的深厚缘分。

在儿时培养出的习惯，常常影响一个人的一生。求新求变、敢于探索，是叶聪在家庭熏陶下形成的品质，而对船舶与海洋的喜爱，也是在儿时、在家乡就种下了种子。叶聪的老家在武汉黄陂。黄陂北面紧靠大别山的余脉，历史上也出过不少名人。黄陂人崇尚技艺，民间多"九佬十八匠"，金匠、银匠、铜匠、铁匠、锡匠、石匠、木匠、雕匠、鼓匠、漆匠、皮匠等让人数不过来，笃信的就是本分老实、凭真本事立足四方。幼时的叶聪也在耳濡目染间涵养了严谨求实、踏实肯干的优秀品质。

在兴趣爱好上，叶聪的父母秉持着宽容的态度，给予他高度的选择自由——尤其是他开明的父亲，更是能够支持孩子看起来有些"叛逆"的爱好。父亲对儿子的志向十分尊重，框定大是大非的大方向之后，乐于见到叶聪独立做出选择，这让叶聪受益匪浅。接触现代化的舰艇后，叶聪打开了无限想象的空间。但父亲给他订阅《舰船知识》《兵器知识》，他偏不肯订，因为嫌订阅的杂志总是姗姗来迟，情愿自己每月到报亭去买，先睹为快。后来他发现，文清路报刊批发市场出刊比报亭还早，所以索性赶到报刊批发市场，迫不及待地去买还带着油墨香味的杂志。叶聪说，自己现在还在看《舰船知识》，一直不断学习。

1997 年高考，叶聪选择了哈尔滨工程大学。对儿子远走高飞的抉择，开明的父母没有反对。大学毕业，他选择去远在无锡的中国船舶科学研究中心工作。他对理工科甚感兴趣，喜欢机电设备、钢铁零件，感到自己很适合这方面的工作。就这样，叶聪在这里开启了他的"万米"生涯。

攻坚克难，推动中国进军世界载人深潜"高技术俱乐部"

2002 年 6 月，科技部批准将 7000 米载人潜水器研制项目（"蛟龙"号）列入 863 计划、"十五"重大科技专项，由中国船舶科学研究中心牵头，100 余家科研机构和企业联合攻关。恰逢刚出校门的叶聪来到中国船舶科学研究中心，从事他感兴趣的潜水器设计工作。虽然经验有限，但他理论功底扎实、画图技艺出众、动手能力极强，在"蛟龙"号载人潜水器的研发中崭露头角、勇担使命，挑起潜水器总布置设计师的重任。

工作伊始便能参加国家重大科技专项研制工作，叶聪铆足了劲儿，全身心投入到"蛟龙"号载人潜水器研制工作中。"挑灯夜战，翻大门进宿舍"的故事，至今还被同事们在笑谈间用来鞭策年轻科研人员。作为我国首台自行设计、自主集成研制的"蛟龙"号载人潜水器的总布置设计师，叶聪攻坚克难、开拓创新。尽管没有现成的设计标准、规范和参考资料可借鉴，但他凭借自身扎实的专业知识，突破一系列关键技术，开创性地进行了"载人潜水器的功能模块化和结构分块化的总体布置及性能优化技术"和"载人潜水器的作业系统与运载器本体的集成技术"两个课题的研究，总结提炼了深海载人潜水器的设计方法。载人潜水器最重要的设计文件和设计图纸——每个设计阶段的任务使命分析报告、均衡计算书、深潜操作流程以及潜水器总图均出自他之手。

回忆起那段经历，叶聪说："刚开始因为可供参考的资料很少，工作过程非常艰难。很少有人见过潜水器，国外又对我们实行技术封锁，因此只能在相关纪录片里找资料，连出国考察带回来的潜水器画报，都被我当成宝贝来研究。"有一次凌晨3点多，叶聪突然发现设计稿中存在问题，于是立即给副总工打电话，尽管已经做了几天的设计稿快完工了，叶聪还是将前期的工作归零、重新设计，细化再细化，推敲再推敲。叶聪正是凭着严谨细致的工作作风，在没有母型船参考借鉴的艰难情形下，完成了"蛟龙"号的总布置设计任务。在后来的采访中，叶聪常说："我非常荣幸在'蛟龙'号设计时做了探索性的工作，了解每个零件会在什么时间发挥什么作用，参与了做'这道菜'的过程。我当时像一个蹩脚的厨师，拿到食材，做得不是又快又好，但把每个流程从简单到复杂都检验了一遍，在此基础上建立起现在的流程。"

"海底是什么样呀？有五彩斑斓的生物吗？"近十年来，几乎每个遇到叶聪的人都会问他类似的问题。作为国内首位7000米级载人深潜器主驾驶员、"蛟龙"号首席潜航员，叶聪承载着国人"下五洋捉鳖"的梦想，潜入过7000米的深海，领略过南海、太平洋、印度洋海底的不同地质地貌。也许会有人对他担当的潜航员角色充满艳羡，但熟悉叶聪的人都知道，作为"蛟龙"号的主驾驶员，下潜背后需要承载多大的风险和挑战。

"蛟龙"号载人潜水器作为我国自主研制的第一台大深度载人潜水器，各项性能指标都需要进行大量的海上试验来验证和改进，而试验背后的风险是显而易见的。下潜，就意味着置个人安危于度外。关键时刻，叶聪主动请缨，立下了"军令状"。2009—2012年海试期间，"蛟龙"号共下潜51次，他承担了其中38次下潜试验的主驾驶任务。"蛟龙"号第一

次突破 50 米、300 米、1000 米、2000 米、3000 米、4000 米、5000 米和
7000 米深度，都是在他的驾驶下完成的。驭龙潜海，逐梦深蓝，这些数
字背后是勇气，是决心，是坚持，更是力量。

叶聪驾驶"蛟龙"号潜水器

中国载人深潜事业从零起步，叶聪的每次下潜，不仅是挑战中国载人
深潜的纪录，更是他对于自我的超越。载人潜水器看似庞大，但座舱内径
只有 2.1 米，包括驾驶员在内仅可乘坐 3 人，基本上没有多余的活动空
间，乘员只能保持固定坐姿，想要将腿伸直都有些困难。长时间的深潜并
不是件舒服的事，但叶聪从不叫苦抱怨。对一名潜航员来说，要遇事不
惊，按照操作手册、应急预案以及个人知识积累来分析、处理问题，能够
在困难面前挺身而出，对潜水器和舱内所有人员的安全负责。海试期间，
他凭借个人的沉着冷静，多次有效处理了潜水器水下故障，保证了潜水器

和人员的安全。

"蛟龙"号在南海进行 3000 米级海试时，当到达 2000 米深度，潜水器数次出现故障报警，极可能发生壳体漏水或短路，一旦几千米深的水压作用到人身上，后果不堪设想。"我们可以选择立即上浮，但是这样故障现象就会消失，搞不清楚原因，就无法下潜更大的深度。"叶聪说。压力之下，他保持冷静，反复下潜多次，甚至逐个关掉舱内包括氧气供应系统在内的各个仪器，终于发现了原因并排除了故障，为后续试验积累了大量故障数据。

事实上，"蛟龙"号载人潜水器下水后还是遇到了各种各样的问题。"某些故障只在某个深度出现，回到甲板就消失不见，只有坚持下潜才能积累数据，才可能排除解决，在这种情况下我们只能咬着牙坚持下潜。"叶聪回忆道。科研的路上充满艰难，叶聪总是沉着冷静，举重若轻，无论经历了什么，他从海底回到海面上总会给家里发一句"今天挺不错"的邮件。

"蛟龙"号的应用，开创了中国深海资源精细勘探的新模式，在国际上首次发现多种深渊地质新现象和深海新物

叶聪驾驶"蛟龙"号潜水器返回并出舱

种，为中国精准选划和申请新的海底矿区勘探合同提供了核心调查资料，助力中国成为国际上拥有海底勘探合同数量最多、矿种最全、矿区面积最大的国家。"我的本职工作是深海装备研发和载人潜水器总体设计。做潜航员的经历帮助我更好地设计研发潜水器。就像飞机的试飞员，设备在交付用户前自己先试一试。"叶聪说。只有潜水器设计师真正下潜到海底，才能深刻理解下潜的"乘客"最担心和需要什么。

让戏称自己为"深海的哥"的叶聪感到欣慰的是，"蛟龙"号载人潜水器正带着越来越多的科学家深入海底进行科学考察。"越来越多的'乘客'深入海底，我们亲手孕育的'蛟龙'号能够为我国的海洋资源勘探、海洋科考作出应有贡献，我们由衷地感到高兴。"

接续奋斗，让深海载人装备拥有一颗"中国心"

"我们经常感叹，电影导演詹姆斯·卡梅隆用几年时间就能建造一个单人载人潜水器，完成万米级单人下潜，为什么？"叶聪说。这是因为西方大国有非常好的技术转移转化平台，以及非常强的部件供货能力。他和团队在研发"蛟龙"号时就意识到，向深海进军只有一个"蛟龙"号不行！要全面掌握核心技术，让谱系化的潜水器在国内得到技术、部件、运行维护等方方面面的支撑，才能奠定深海装备、深海科学发展的坚实基础。

围绕"陆海统筹、加快建设海洋强国"的目标，深潜科技在"跟跑为主"的基础上奋力赶超。为了满足中国主要海域资源探测、开发和科学研究的需求，降低运行成本、提高载人深潜科考性价比，在充分考虑国内配套产业技术实际情况的基础上，早在 2009 年"蛟龙"号尚未完成海试之时，科技部就布局了 4500 米载人潜水器设计与关键技术研究项目。叶聪担任"深海勇士"号的副总设计师和总质量师，全面负责总体方面设计工作，组织团队集智攻关，对研制过程遇到的问题，他都细致分析，提出建设性指导意见。在"深海勇士"号的总体设计中，他创新引入虚拟设计技术，实现了布局方案在舒适度、可达域等人机方面的综合优化。

将关键核心技术掌握在自己手上！从 2009 年开始，历经八年持续艰苦攻关，2017 年 10 月，"深海勇士"号海试取得圆满成功，为深海载人深潜高端装备实现"中国制造"探索出一条切实可行的路径。"深海勇士"号实现了载人舱、浮力材料、锂电池、推进器、海水泵、机械手、液压系统、声学通信、水下定位、控制软件十大关键部件的国产化，把装备国产化率大幅提升至 95%，在国内形成了载人潜水器完整的技术链条和产业链条。

在"深海勇士"号的研制过程中，叶聪除了担任副总设计师，还承担了总质量师的工作。他带领团队与从事陆空天装备生产、检测的机构，如中国科学院理化技术研究所、中国航空制造技术研究院等开展合作。他们围绕技术目标制定、设计技术交底、生产过程控制方面做了大量工作，在国内形成了深海装备产业的专业话语体系，打造出国内自主深潜装备产业链条。

通往自主可控的道路充满艰辛。在"深海勇士"号电池组模拟环境实验中，当模拟 2000 米深度环境时，电池温度突然飙升并引发爆燃。叶聪带领团队推演各种可能性，并针对潜在故障原因不断改进。终于，"深海勇士"号实现了中国深海装备由集成创新向自主创新的历史性跨越，叶聪经过大胆探索和不懈努力，参照国内外质量体系对研发全过程执行质量控制，确保其始终处于受控状态，支持保障了国产化指标的实现，该项工作荣获第四届全国质量创新大赛最高级技术成果奖。

2018 年，"深海勇士"号在我国南海正式投入试验性应用科考，成功用于深海资源勘查、环境调查、科学探索和深海考古。截至 2022 年，"深海勇士"号已累计下潜 500 余次，以良好的操作性能、经济的运行维护成本，多次联合保障了深海科考、装备海试、深海考古和应急搜救打捞等任务，彰显了大国重器的过硬品质。

挑战极限，在万米海底标注"中国深度"

从某种角度看，去深海比去太空更难。现在，全世界有 600 多人去过海拔 100 千米以上的地方，而去过深海 10000 米处的只有 40 余人。在人类历史上，进入到水下万米深度的载人潜水器有 4 个。作为"奋斗者"号的总设计师，叶聪毫不掩饰内心的骄傲之情，"我们有世界上最强的载人潜水器"。

2020 年 11 月 10 日，"奋斗者"号在马里亚纳海沟成功坐底 10 909 米，创造了中国载人深潜的新纪录。通过潜水器搭载的声学通信系统，潜航员表达了巡航万米的激动之情："万米海底，妙不可言。"这"妙不可言"的声音，是一支团队克服重重困难，历时多年所凝聚出的时代最强音，而这支队伍的总设计师正是叶聪。2016 年 7 月，国家重点研发计划"全海深载人潜水器总体设计、集成与海试"项目正式立项，37 岁的叶聪正式挂帅总设计师。作为总设计师，他全面谋划做好顶层策划，把握技术方向，协调数十家参研单位的研制进展；同时大胆地为年轻的主任设计师们压担子，以身作则投入技术攻关中。

在我国三台载人深海潜水器的研制历程中，"奋斗者"号具有科研"领跑"的跨时代意义。这里有叶聪带领着一批科研人员在高原之上再攀高峰的决心，也有勇闯科研未知之域的勇气。在"奋斗者"号之前，美国的万米深潜器"限制因子"号直径仅 1.6 米，容纳两人，海底作业时间仅 4 小时。而"奋斗者"号还要搭载相关人员、一系列科学设施等，并在水中完成科考作业，这进一步加大了制造难度。这对总设计师叶聪而言，是一种空前强大的压力。"在研制的每一个阶段，从方法、材料到部件、装置都需要像体检一样做评定。考核的多个指标里，可能会有些偏差，这都需要总设计师综合平衡后拍板。"

艰难困苦，玉汝于成；深潜维艰，奋斗以成。叶聪作为"奋斗者"号全海深载人潜水器总设计师，组织载人深潜团队发扬中国载人深潜精神，以求真务实的态度、不畏挫折的意志，一步步攻克了全海深潜水器载人舱、浮力材料、锂电池等系列关键核心技术，主持完成了"奋斗者"号集基础研究、技术攻关、应用示范为一体的全链条创新，创建了我国独具特色的全海深载人深潜装备研发技术体系。

叶聪与团队成员探讨"奋斗者"号研发事宜

"潜水器总设计师的职责是做出正确的决定，让潜水器研发团队有效运转。"叶聪说。他不仅要统筹好各系统，严格把好质量关，协调数十家参研单位的进度，还要负责科研难点的攻关，防范化解各类风险。而其中深海设备的全生命周期是叶聪最关心的部分。潜水器因什么目的诞生、具备何种能力、满足用户哪些需求、怎样长期维修保障……叶聪脑子里不停思索的，就是研制出"生命力"更强、使用体验更好、可持续运营的载人潜水器。

马里亚纳海沟压强为标准大气压的 1100 多倍，相当于指甲盖大小的地方要扛住一辆小轿车的重量，"奋斗者"号下潜至马里亚纳海沟的最大挑战就来自高压。载人舱作为"奋斗者"号载人潜水器的核心关键部件，是人类进入万米深海的硬件保障和安全保障。叶聪曾风趣地比喻载人球舱设计的难点：设计潜水器不像装修房子，你可以到网上看各种瓷砖，在家里布置出一个很好的餐厅或书房；设计载人潜水器面临的情况是，市场上没有这样的一块砖，一切需要定制。球形的载人舱，原则上肯定是越大越好，窗户开越多越好，但是，一个钛合金球壳如果做得很大，厚度也会变大，焊缝变厚，就要砸很多板，板越来越厚，它的均匀性怎么样，方向怎么办，加工性能怎么样……从材料、工艺到检测和应用，整个链条上都需要做很多优化和折中，多次反复的实验室验证，才能确保"万无一失"。

对潜水器来说，从水下 7000 米到 10 000 米，除了抗压能力变化，还有方方面面的需求改变。作为"奋斗者"号载人潜水器的总设计师，叶聪如数家珍。比如，以前"蛟龙"号下到 7000 米要用 3 小时，现在"奋斗者"号下潜到 10 000 多米也是 3 小时。为什么是 3 小时？因为整个流程是 12 小时，这对人体来说是个挑战，对电池来说也是合理的时间区段，那就要把速度加快，这样才能保证把中间宝贵的 6 小时留给海底作业。再举个例子，"蛟龙"号的横剖面就是一个正圆形，"深海勇士"号是方方正正"国"字脸，到了"奋斗者"号变成了鸭蛋脸，或者说是一个竖着的纺锤形。这种"脸型"变化会让潜水器的水下运动性能变得不一样。

研发"奋斗者"号时，很多地方都是在探索"无人之境"——需要团队"起跳"才能够达到。在"奋斗者"号立项后不久，各专业专家在北京会议中心开了一天会，讨论到底把球舱直径设计为 1.6 米还是 1.8 米。前者制造起来容易一些，但那就意味着要么减掉一个人，要么降低工作的舒适度。会议一直开到晚上 9 点多，大家逼着总设计师叶聪表态。最后叶聪一咬牙，当场拍板定了 1.8 米，把所有压力都揽到了自己身上。问他当时对这个决定有没有把握时，他肯定地说，有把握，我有团队在那里，我们团队有个传统，自己挑战自己，兜里有多少货，要做到心里清楚。他说："手伸起来摸不到所要的东西，就要跳起来摸。如果伸手就摸到，这意味着不是创造。在我们团队里，有 40% 的人能'跳'起来，我们就会有勇气和力量。"

国外所谓的先进经验，也不能照搬照抄。美国深海探索者瓦斯科沃在首次乘坐"限制因子"号下潜时，就真的遭遇过载人球舱漏水。与之不同的是，"奋斗者"号的舱门和球壳接合处是用预紧力来密封的。这个方式对钛合金的精细程度提出了很高要求，工艺难度大，但优点是不用每次下潜都重新安装调试，使用起来更加方便。根据中国的情况创新，也不再以破纪录为唯一目标，而是在保证安全的前提下尽量使深潜器可靠、易于使用。

2020 年，全海深载人潜水器面向全国征名，最终被命名为"奋斗者"号。叶聪带领团队按节点高质量完成了全部研制内容，并于同年 10 月开始海上试验。"奋斗者"号在马里亚纳海沟万米海试期间，叶聪担任海试总指挥，深耕万米海试一线，带领海试队员披荆斩棘，克服台风、多雨、高温、高海况等困难，科学细致地分析问题、解决问题，充分展现了新时代科技工作者创新争先、自立自强的风范。海试工作也营造了"只问岗位、不问单位"的工作氛围，打造了一支敢打必胜的"国家队"。策划海试任务的时候，一旦发现问题，无论是哪个岗位的，都能开诚布公地讨

载人深潜团队在海试出发前与"奋斗者"号合影

论，目的就是高效解决。实践证明，团结协作是集中力量办大事、打赢硬仗的组织法宝，对于促进我国深海事业可持续发展具有重大意义。

2020 年 11 月 28 日，"奋斗者"号全海深载人潜水器成功完成万米海试并胜利返航。习近平总书记发来贺信，指出"奋斗者"号研制及海试成功，标志着我国具有进入世界海洋最深处开展科学探索和研究的能力，体现了我国在海洋高技术领域的综合实力，高度称赞其为"科技创新树立了典范"。

"奋斗者"号是当前国际上载人数量最多、潜浮速度最快、海底作业时间最长、有效载荷最大的全海深载人潜水器。"奋斗者"号是全球首次实现万米海底视频直播互动的载人深海潜水器，使我国成为世界上万米下潜次数和人数最多的国家。截至 2022 年，"奋斗者"号累计下潜 160 次，其中 25 次共搭载 32 人下潜超过万米。"奋斗者"号凭借其国际领先的万米载人深潜作业能力连续斩获中国造船工程学会科技进步奖特等奖、中国外观设计金奖、中国工业大奖、中国优秀工业设计金奖等国家级大奖。这是"奋斗者"号的成绩，但绝不是叶聪对载人深海潜水器定义的终点：他和团队为中国载人潜水器制定了研制方向——大型化，球舱会更大，可容纳 4 人、5 人甚至更多人；长航程，可在海底航行几千米甚至更远的距离；长时间驻留，可以驻留几天甚至更长时间，将来还要建海底空间站。

谋深致远，拓展深海装备谱系蓝图

2015 年，由中国船舶科学研究中心研制的世界最大型全通透载客潜水器"寰岛蛟龙"在海南省三亚亚龙湾投入试运营。作为世界最大、国内首型自主研发的 9 座全通透载客潜水器"寰岛蛟龙"的总设计师，叶聪瞄准大有可为的水下旅游观光需求，创造性地提出潜水器全通透总体布局设计方案。他大胆创新采用全通透设计方案，带领团队克服全通透有机玻璃带来的密封、连接形式、变形协调等设计安装难题。"首吃螃蟹"，各类问题接踵而至，首先就是设计检验规范，还有营运管理法规的空白。他顶住压力，组织团队对现行规范法规进行研究，支撑中国海事局和中国船级社开展载客潜水器审图和检验原则的编订。

"寰岛蛟龙"型全通透载客潜水器采用的是大尺寸有机玻璃多壳体布局和安装工艺，利用一段球形有机玻璃和三段圆柱形有机玻璃作为载人舱耐压壳体。与传统的在金属壳体上开观察窗的载客潜水器不同，"寰岛蛟龙"的载人舱呈胶囊状，以容纳更多乘客，但载人舱采用的全通透设计对于有机玻璃的承压能力提出了更高的要求。为了找到载人球舱最优的结构方案，叶聪亲自到各个配套企业实地调研，下定决心一定要找到强度最佳的有机玻璃。项目攻坚期，叶聪既要统筹载人潜水器在总体设计上方方面面的方案，又要做好配套部件指标的严格把关。时间对于叶聪来说异常宝贵，为了利用好每分每秒，他总是争分夺秒、早出晚归。同事们注意到，去外地出差，其他人一般选择前一天上午的航班出发，下午到目的地，这样行程相对宽裕。而叶聪往往选择前一天晚上起飞的"红眼航班"。有同事曾问过他为何不白天走？叶聪说，时间太宝贵了，这样安排很科学啊，既不影响前一天上班，又赶得及第二天外地的工作安排。

虽然"寰岛蛟龙"型全通透载客潜水器的最大下潜深度为 40 米，但叶聪说："浅海作业难度并不比在深海小，这里有复杂的流向，而且为满足游客观光需求，要接近珊瑚等复杂的海底环境，这为操控性带来了挑战。"走前人没走过的路，拓前人未垦过的荒，叶聪作为总设计师，不仅在载人潜水器的总体设计上做好统筹和决策，同时基于开发"蛟龙"号所积累的丰富经验，还支撑编制了国内首批商用载客潜水器驾驶员理论与实操培训手册，为通透载客潜水器在浅海的操作控制奠定了坚实的基础。"寰岛蛟龙"首次突破了全通透载客潜水器设计、建造和检测技术难关，有力地促进了我国商用潜水器入级检验、操作员资质认定等技术规范和管理法规的建立和完善，促进了深海科技成果的产业化，开启国人看海观海的新维度。

听时代的声音，让自己的研发方向始终与行业所需紧密契合！在成功研制世界上载客数量最多的载客潜水器"寰岛蛟龙"后，针对我国深海装备行业发展需求，叶聪牵头策划成立了中国造船工程学会深海装备产学研用创新平台、深海装备技术学术委员会等创新主体，强化科技成果与国家需要、市场需求相结合，推动科学研究、实验开发、推广应用精准链接，促进创新链与产业链深度融合，为打通科技成果转化"最后一公里"作出积极贡献，荣获中国科学技术协会颁发的求是杰出青年奖成果转化奖。

叶聪说:"我们不仅仅关注载人潜水器本身,我们还关注整个上下游产业链的提升。"在日常的科研工作中,叶聪非常注重创新链和产业链的深度融合,围绕产业链部署创新链,围绕创新链布局产业链。让科技成果走出实验室,走上生产线,将研发出来的"首个""首台""首套"装置和技术推向市场,深潜技术的快速发展也在一步步促进深海产业的蓬勃发展。

在科技创新中,叶聪坚持从国家需要出发,针对深海产业链的断点、痛点、难点、堵点进行科技攻关,推动产业链的关键核心技术可控。例如,在"奋斗者"号的研制过程中,国产的万米级钛合金载人舱在新型材料性能、大厚度电子束焊接技术等方面实现了创新,同时大幅提升了中国钛合金产业的制造能力和水平。再比如,批量生产大深度固体浮力材料,使中国成为世界上为数不多的能够自主生产深海固体浮力材料的国家之一,实现了关键核心材料的自给自足。深海装备基础理论、观测技术、计算能力、产业水平的进步相继呼应、牵引、推动,促进了这门交叉科学的一次又一次飞跃。

开放共享,积极融入全球创新网络

科学技术是世界性的、时代性的,叶聪作为 ISO 潜水器工作组(ISO/TC8/SC13/WG1)召集人,承担潜水器领域国际标准的制修订工作。迄今为止,叶聪已牵头制定并发布国家标准 1 项、国际标准 2 项,荣获 ISO 卓越贡献奖,为统一装备测试标准,促进国际同行交流,提高我国深潜技术的话语权发挥了积极作用。

在载人潜水器标准的制定过程中,来自 ISO 不同成员国的专家都将对标准提出严格的质疑和评判，经过起草、意见征求、审查、批准等环节的投票，才能最终发布。其中，载人潜水器的关键技术作为前沿科技，各国都想通过编制发布相关标准，主导行业话语权，抢占技术制高点。但国际标准制定拼的是"硬核实力"，叶聪作为专家，凭借着过硬的实力和过人的胆识，在国际学术舞台上从容应对各国专家的提问和质疑，为潜水器标准化提供了中国方案。目前，叶聪牵头制定并完成发布的 2 项载人潜水器 ISO 国际标准是国际潜水器领域仅有的两项 ISO 国际标准，例如《潜水器耐压壳体和浮力材料静水压力试验方法》，适用于不同工作深度的载人、无人潜水器的耐压壳体和浮力材料的静水压力试验，是对各国相关技术标准、船级社规范的协调统一。

中国领海的最深处不足 6000 米，超过 6000 米的深渊是全人类共同的舞台。地球上有 30 多条海沟，全球 85% 的海洋还没有得到详细勘探。"全球化的深渊科考计划，可以推动对整个大海洋、大地球系统的了解。"叶聪讲道。目前，中国积极参与国际大洋发现计划（IODP）、全球海洋观测系统 2030（GOOS 2030）战略、国际大洋中脊（Inter Ridge）计划等国际科技合作计划，设计并领导了南海大洋钻探航次任务，在气候演变和海盆形成方面提出了自己的新认识。"奋斗者"号科考期间发起了"马里亚纳共识"倡议，推动建立了深海科考标准化平台体系，将继续支撑深渊领域国际大科学合作。

面向世界科技前沿，除了针对深海安全保障、深海资源开发、深海科学研究三大领域，叶聪还积极支撑深海矿产、极地深潜科考等重要任务的论证，推动深潜科技创新从点的突破形成体系化能力。十三五"深海多金属结核采矿试验工程"项目已成功完成千米水深的整体系统联动海试，深海采矿智能化混输装备系统完成 500 米海试，探索出深海多金属结核采矿的中国方案，支撑深海矿产资源开发走向规模化。经过刻苦攻关、不懈努力和大胆探索，以叶聪为代表的新时代科研工作者正推动中国在深海科学研究、深海运载装备、深海探测技术和深海资源开发利用等方面取得更大进步，开创了"追赶迅速、局部领先"的新局面。

随着实力和经验的积累，中国的深潜科技人员和装备历经实际海洋环境的严酷考验，部分装备创造了高强度、高效率的安全使用纪录，研发的深海大国重器正从重大科技成果向具有实质能力的应用成果快速演进。截至 2023 年 10 月，3 台大深度载人潜水器已下潜近 1000 次，年均下潜次数约占世界总量的一半，为国内外 400 余位科学家提供下潜机会，取得了丰硕的深海科考成果。海洋实践、深海作业逐渐成为科研价值导向。叶聪带领载人深潜团队持续做好载人潜水器技术保障，推动参与国际大科学计划，助力国际联合深渊深潜科考，让"奋斗者"号为世界科技进步和可持续发展作出中国贡献。在 2022 年 11 月，"奋斗者"号顺利完成中国—新西兰联合深渊深潜科考任务，本航次是国际上首次在克马德克海沟区域开展大范围、系统性的载人深潜调查，作业站位覆盖了克马德克海沟俯冲带不同的构造单元，为深入理解深渊的生命演化与适应机制、深渊沉积环境演变以及板块俯冲与物质交换通量提供了重要支撑。

未来可期，我们刚刚打开了深海的一道门缝

从"蛟龙"号的跟跑，到"深海勇士"号的并跑，再到如今"奋斗者"号的领跑，中国的载人深潜事业实现了大踏步跨越！"过去 20 余年参与了许多研制工作，我觉得非常幸运，也为我们的团队感到骄傲！"叶聪这位年轻有为的总设计师，既豪迈而又谦逊地表示："我们的深潜装备从无到有，从无人到有人，从简单下潜到复杂作业，是老一辈科学家用肩膀托起来的。我们要牢记传统又要开拓创新，所以'奋斗者'号远远不是

终点，应该说，我们刚刚打开了深海的一道门缝……"

跨越了"领跑"的里程碑，中国载人深潜事业再向哪里突破？"奋斗者"号成功探底马里亚纳海沟后，叶聪在喜悦之余有一丝丝失落："我们原来是白天追赶人家，我可以很清楚地看到他们的样子，但'奋斗者'号海试成功后，我感觉自己好像在黑夜中走进了一个旷野，因为追赶的目标看不见了。"高山之外，还有高山。新的目标很快被找到：对海洋的探索永无止境。按中国科学院院士、海洋学家汪品先的说法，人类对深海的了解还处于"新石器时代"。研究海洋工程装备是为认知海洋、利用海洋、开发海洋。因此，在载人深潜器的关键性能上要优化、扩展，载人潜水器本身也要进一步提升、完善、发展。叶聪作为海洋工程装备领军人物，任重而道远。

以"全海深"为新的起点，向"全海域"进发！如今的叶聪，越发具有全球视野和战略思维，他正带领着载人深潜团队从"深海进入"向着"深海探测"和"深海开发"的方向进发。"载人潜水器不仅仅是突破某一个数字的纪录，而是每年要走向新的深渊，走向更多前人没有去过、没有被探测过的海洋。"目前，我们的载人潜水器能够覆盖"全海深"，但是对于覆盖"全海域"，我们还在路上。"也许，未来我们会在北极的海底，也许是更多突破想象的发现，甚至可能是一些并非既定的目标，这些都是全新的挑战。"叶聪笃定地说道。

未来，在"蛟龙"号、"深海勇士"号、"奋斗者"号等谱系化载人潜水器研制成功的基础上，叶聪将带领着团队努力拓展适用于更多场景、更多型号、更全体系的潜水器谱系。希冀载人深潜技术有能力面对更多的作业环境，如浑浊湍急的内河、冰雪覆盖下的极地海洋；也能接受深海考古、搜索、援救、打捞等新应用场景的考验；在将来大型化、网络化、工业化的深海生产过程中，载人深潜也能积极融入并发挥关键作用。在叶聪的设想中，未来研究深海还需要建立密集的通信定位系统。"我们每到一个深度，要想知道自己在哪里，并很精确地做出路径规划，就需要建立一个海底的网络，这个网络目前还是'零'。在具备这个网络以后，像陆地上的黑灯工厂、无人驾驶等一些技术有可能在海底实现。"

叶聪与中国深潜结缘的二十余载，也是中国科技创新蓬勃发展的黄金时代。科技立则民族立，科技强则民族强。胸怀星辰大海，开启伟大征程！"深海蕴藏着地球上远未认知和开发的宝藏，但要得到这些宝藏，就必须在深海进入、深海探测、深海开发方面掌握关键技术。"习近平总书记的重要指示为国家深潜科技的发展指明了方向，提供了"三步走"的行动指南。在建设海洋强国的时代征程中，作为海洋科技工作者，叶聪将始终矢志不移、锲而不舍，以昂扬斗志向着深蓝再出发，为人类认识、保护、开发海洋不断作出新的更大贡献！

（黄璐）

微信"扫一扫"观看视频

中国海洋碳汇研究先行者

——记"海洋负排放"国际大科学计划发起人焦念志

　　从海洋里最小的微型生物到影响全球的气候变化，他提出的"微型生物碳泵"理论揭开了海洋碳库之谜的面纱；他注重基础理论与实践应用相结合，孜孜不倦探究海洋助力人类社会实现碳中和的有效路径；他引领学科发展凝聚国际科研力量，领衔发起"海洋负排放"国际大科学计划。

　　1979 年，焦念志考入山东海洋学院（现中国海洋大学）；1991 年获得博士学位之后到中国科学院海洋研究所工作；1993—2000 年赴日本、美国访学和研究；2001 年回国，成为厦门大学第一位教育部"长江学者"特聘教授；2011 年当选中国科学院院士，2014 年当选发展中国家科学院院士，2018 年当选美国微生物科学院院士。40 多年来，他一直活跃在科研一线，"耕耘"在海洋碳汇研究前沿，探索海洋中的微型生物以及它们在海洋碳循环中的作用及其气候效应。

他厚积薄发。早在 1991 年焦念志就率先在我国海区开展海洋储碳量化指标——"海洋新生产力"的研究，并在此基础上提出"海洋初级生产力结构"的概念，揭示了海洋碳汇的本质，指出"固碳"不等于"储碳"，澄清了学术界的一些模糊认识。在此后的 30 多年里，他坚持不懈地沿着微型生物与海洋碳汇的方向开拓创新，不断取得新进展，并因此受邀前往日本东京大学（1993 年、1994 年）、美国夏威夷大学（1993 年）、美国麻省理工学院（1996—1997 年）、日本国立环境研究所（1998—1999 年）等交流合作。他是在全球著名的两大海洋时间序列观测站——太平洋夏威夷 HOTS 站和大西洋百慕大 BATS 站（全球海洋与气候变化的若干根本性认识均来自这两个站）都工作过的为数不多的科学家之一，也是最早作为官方代表与台湾地区合作（NPTT，1997—2000 年）、现场见证东南亚时间序列观测站（SEATS）建站（1998 年）的唯一的大陆科学家。

他硕果累累。焦念志一直活跃在海洋科学研究第一线，深入探索海洋中微型生物这一"看不见的巨人"［美国科学院院士戴维·卡尔（David Karl）文章用语］及其在海洋生态环境和全球气候变化中的作用。在《科学》《自然》《美国国家科学院院刊》发表研究成果十余篇，在一流学术刊物发表文章 200 余篇，被引 15 000 余次。他提出的海洋储碳新机制——微型生物碳泵（Microbial Carbon Pump，MCP）单篇被引 1500 余次，引领了新的学科方向。他从 2014 年起一直是基本科学指标数据库（ESI）高被引作者。

他荣誉等身。2007 年焦念志获国家自然科学奖二等奖（第一位），2010 年他提出的"微型生物碳泵"理论入选中国高等学校十大科技进展，2013 年荣获何梁何利科学与技术进步奖，2015 年再次获国家自然科学奖二等奖（第一位），2017 年获首届"全国创新争先奖"，2019 年获"庆祝中华人民共和国成立 70 周年"纪念章，2021 年获"各民主党派、工商联、无党派人士为全面建成小康社会作贡献先进个人"，2023 年获自然资源部 2022 年度"海洋人物"荣誉称号。

国际大科学计划由多个国家联合开展，是聚焦全球共同面临的重大科学技术问题的科技活动，是人类开拓知识前沿、探索未知世界和解决重大全球性问题的重要手段，也是一个国家综合实力和科技创新竞争力的重要体现。我国一直在积极参与全球性的大科学计划，但处于主导地位的却很少。积极牵头发起国际大科学计划，从"参与者"转变为"引领者"，发展战略科技力量是摆在我国科学家面前的紧迫任务。

应对气候变化已成为全球共识。在此背景下，焦念志院士最早于 2017 年在国际上发起"海洋负排放"（ONCE）国际大科学计划（以下简称"ONCE 计划"）倡议，2022 年该倡议得到联合国批复。目前已有来自 33 个国家 79 家科研院所的科学家参与。该计划基于"微型生物碳泵"（MCP）原创理论框架，以地球系统科学思维，通过多学科交叉融合认知海洋负排放过程机制，创建"微型生物碳泵（MCP）－生物碳泵（BCP）－碳酸盐泵（CCP）－溶解度泵（SCP）"综合储碳理论体系，致力于实现海洋储碳理论创新和示范应用，助力实现我国碳达峰碳中和目标，践行应对气候变化全球共识，提升我国国际影响力。

发起国际大科学计划绝非一蹴而就，而是基于长期的科研成果积累和国际合作积淀。科学探索总是充满未知，"0 到 1"的突破更是充满艰辛。下面，让我们一起走进海洋碳汇这个领域，一同聆听中国海洋碳汇研究先行者——焦念志与"海洋负排放"国际大科学计划的故事，一同感受我们的"海洋人物"是如何以微知著、开拓创新、尽瘁事国、传道授业。

抓住线索锲而不舍 探知海洋中"看不见的主角"

"涓涓细流汇成海，点点纤尘积就山。"发起 ONCE 计划的起点源于对海洋中看不见的微型生物储碳机制的认识。微型生物是隐藏在海洋中的主角，它们是海洋生物量和生产力的主要贡献者，是物质和能流的主要承担者；它们具有最高的生物多样性，是生命和非生命系统联系的关键环节，是生源要素循环的主要驱动力。这些肉眼不可见的海洋微型生物在海洋生态系统乃至全球气候变化中占据着不可忽视的重要作用，被称为"看不见的主角"。早在 20 世纪 90 年代，焦念志就针对初级生产力这个海洋生态系统研究的核心问题，瞄准"海洋微型生物"这一国际前沿科学问题，率先开拓了海洋新生产力研究，提出"海洋初级生产力结构"的概念，并深入探索海洋碳汇与微型生物（原绿球藻、好氧不产氧光合异养菌等）的关系。

在海洋资源评价中，海洋初级生产力是重要的依据之一。然而，以往初级生产力概念表达的只是一个量值，无法回答若干实际问题：为什么在相同的海区，初级生产力却有不同的资源能力、不一样的生产性能、表现出不同的能流途径和不同的海洋储碳能力？以焦念志个人科研经历为例，他在中国科学院海洋研究所做博士后研究时，就注意到一个令人费解的现象，中国生态系统研究网络的大亚湾站和胶州湾站，一个在亚热带、一个在北温带，无论在地域还是环境方面，两者都是不相同的生产系统，然而它们的初级生产力量值却非常接近。带着这些疑问，焦念志开始研究海洋初级生产力的内涵。通过将初级生产过程和机制进行深入剖析，他发现，相同的初级生产力量值包含着不同的"结构"信息，正是这些"结构"上的差别引起了上述问题。由此他提出了"海洋初级生产力结构"这一新概念，圆满地解释了长期困惑的问题。并通过在胶州湾、东海等不同环境海区的大量现场研究实测数据验证了他的理论分析研究成果。

沿着"初级生产力结构"的思路，焦念志继续锲而不舍探索思考，进一步从生产过程出发，多参数证明了以往在近海被人们忽略的微型生物反而是初级生产力和碳循环的主角，这一代表性成果于 1994 年发表在英国的《浮游生物研究杂志》（*Journal of Plankton Research*）上。这一新认识拓展了初级生产力经典理论，这个概念的提出以及微型生物在近海重要性的认识引发了大量后续研究，促成改写了我国《海洋调查规范》（GB/T 12763）。"海洋初级生产力结构"概念也被收录进《当代海洋科学学科前沿》，有关观点被编入高校教科书《海洋生态学》。在国际上，2000 年，国际湖沼与海洋科学学会（ASLO）与美国地球物理学会（AGU）联合大会海洋科学大会主席勒让德尔（L. Legendre）充分肯定了"海洋初级生产力结构"这一创新概念，并在其文章中指出，焦念志在微型生物营养利用光依赖性方面的认识是一个重要发现。生态系统综合研究计划核心研究计划主席霍尔（J. Hall）则以该研究来说明微型生物的重要地位。2002 年，在纪念碳-14 测定海洋初级生产力 50 周年的大会上，大会主席威廉斯（P. J. Willianms）特邀焦念志在会议上介绍"海洋初级生产力结构"概念。

由"初级生产力结构"概念出发，焦念志打开了海洋微型生物的秘密之门。他发现了原绿球藻前所未知的分布规律、调控机制，特别是原绿球藻这类光合自养生物在黑暗环境中大量存在的秘密。原绿球藻是海洋中"看不见的主角"之一，是地球上最早出现的产氧光合自养微生物类群之一，由于其细胞极小、色素独特（最小的光合自养原核生物）、研究困难，直到20世纪80年代末才被发现，90年代初才被定名。当时学术界认为，原绿球藻仅分布在热带寡营养的大洋海区，我国此前的若干大型海洋调查均未在中国海域发现原绿球藻的存在。1994年，焦念志在东海首次检测到原绿球藻特征色素DV-Chl，此后又用流式细胞技术多次进行大范围海区调查。经过8年40多个航次的调查，他终于确认了原绿球藻的大量存在，首次发现原绿球藻可大量存在于温带近海低盐富营养的海区，改写了之前的认识。通过大量翔实的调查数据得出了原绿球藻在我国海区的分布边界和环境条件边界值，发现原本只能生活在有光层的光合自养原绿球藻竟然可以生存于黑暗的深水无光区，在确定其分布范围的基础上摸清并掌握了其调控机制。指出此前普遍认同的原绿球藻分布"温度限制说"在陆架边缘海并不适用，提出"原绿球藻丰度在小范围内剧烈波动是陆架海的特征"，"海流/水团活动以及淡水和陆源物质是限制原绿球藻向岸分布的关键因子"，并据此透视了三峡大坝对东海生态系统的可能影响，为海区环境变化和碳库评估提供了前所未有的依据。原绿球藻此后成为我国海洋生态环境调查的关键指标，其分布状况也成为同行研究海区是大气二氧化碳（CO_2）的"源"还是"汇"的重要参照。原绿球藻在中国海区的发现成为一个研究热点，产生了广泛的国际影响。国际学术期刊《水生生物学》（*Hydrobiologia*）的综述文章指出，焦念志的这一发现引出了未来的研究方向。原绿球藻在陆架海的分布特征、环境边界值、陆源影响等研究成果被广泛认可，国际著名专家查皮（L. Charpy）和拉库姆（A. W. D. Larkum）联合邀请焦念志教授为其专著 *Marine Cyanobacteria* 撰写陆架海原绿球藻章节。美国国家海洋和大气管理局诺瓦科技出版社

（Nova Science Publishers）、《环境研究快报》（*Environmental Research Letters*）等特邀焦念志撰写原绿球藻等微型生物对环境响应方面的专著章节以及综述文章。

船载 FCM 现场检测

(a)

焦念志研究员参加日本东京大学
太平洋考察（科学调查船"白凤丸"号）

投放 CTD

(b)

焦念志出海考察：（a）大西洋科考——与美国麻省理工学院研究人员在百慕大海域通过船载流式细胞仪进行超微型生物现场监测；（b）太平洋科考——参加全球海洋通量联合研究计划日本东京大学"白凤丸"太平洋航次

从原绿球藻特有的光合色素到细菌叶绿素，焦念志探索出了一条研究海洋光合异养微生物的创新之路。好氧不产氧光合异养菌（AAPB）是重要的微型生物功能类群，对认识海洋碳循环机制至关重要。然而 AAPB 在发现之初，国际上尚无规范的定量方法。他创建了"时序红外荧光显微数字化技术"（TIREM），并运用 TIREM 对中国主要海区、太平洋、大西洋以及印度洋典型海区 AAPB 分布和变动规律进行了大范围的系统研究，第一次从全球海洋尺度上研究了 AAPB 的生态地位，确定了 AAPB 丰度全球分布模式——从近海海域至开阔大洋、从富营养海域至寡营养海域呈递减趋势；在三大洋中，印度洋 AAPB 丰度最高，大西洋次之，太平洋最低，证明之前的权威结论存在严重误区，澄清了学术界的争议。揭示了 AAPB 与叶绿素之间存在密切关系，提出了 AAPB 生物量受浮游植物协同制约的观点，即 AAPB 不产氧光合作用对浮游植物产氧光合作用的补偿效应，指出细菌光能利用对于"海区是大气 CO_2 的源还是汇至关重要"，该系列成果作为封面文章发表在《环境微生物学》（*Environmental Microbiology*）期刊上，并入选 2010 年"中国高等学校十大科技进展"。AAPB 多样性以及光合作用方面的发现改写了 AAPB 在海洋生物地球化学中的重要性的认识，引发了海洋碳循环机制的新认识。

他的研究成果促进海洋微型生物研究在理论和方法上取得了长足进展，填补了"新生产力""原绿球藻""好氧不产氧光合异养菌"等前沿领域若干研究空白，形成了"海洋微型生物生态学"新学科方向。2007年，他在海洋初级生产力结构及微型生物生态学领域的研究成果获得国家自然科学奖二等奖，这也是国内海洋领域获得的第一个国家自然科学奖。

开拓创新，提出"微型生物碳泵"理论

以 CO_2 为主的温室气体过量排放导致的全球气候变化，正在严重威胁

着人类社会可持续发展。海洋作为地球上最大的活跃碳库，其容量约是大气碳库的 50 倍，是陆地碳库的 20 倍，对于调节气候变化发挥着不可替代的作用。而探索海洋储碳的过程机制是海洋科学家们追逐的研究热点，这其中，最令人着迷的是惰性溶解有机碳（RDOC）。现代海洋 RDOC 储碳量约 6600 亿吨，与大气中 CO_2 的碳含量相当，平均寿命更长（约 5000 年），构成了海洋的长期储碳。在地球历史上某些时期 RDOC 碳库是现代海洋碳库的 500 倍，其对气候变化的影响不言而喻。早在 20 世纪 60 年代，科学家们就发现海洋中含有大量的惰性溶解有机碳，然而其成因一直是个悬而未决的科学难题。早在 1968 年，美国科学家在《自然》杂志刊文称海洋 RDOC 的成因为 "Enigma"（不解之谜）。

基于长期的研究基础和创新探索，焦念志提出了 "微型生物碳泵"（MCP）理论框架，这个新的海洋储碳机制突破了经典理论中依赖颗粒有机碳垂直输运和埋藏的传统认识，揭示了海洋中数量巨大的微型生物产生 RDOC 是驱动海洋长期储碳的一个重要途径。MCP 理论发表在《自然》子刊（*Nature Reviews Microbiology*）上，并在其网站首页、期刊封面以及目录作为亮点展示。MCP 引起了国际学界的广泛关注。美国《科学》杂志对其进行了专题报道，将 MCP 称为 "巨大碳库的隐形推手"，并出版了有关 MCP 的《自然》增刊。

MCP 理论机制已获得生态模拟实验验证。加拿大达尔豪斯大学通过 Aquatron 大型海洋生态系统实验体系（水体 117 000 升）的长周期生态模拟实验，成功证实了海洋微型生物碳泵储碳 MCP 储碳机制的客观存在，而且证明 MCP 效率极高，在不到一年的时间里即可把浮游植物产生的活性溶解有机碳转化成与南海深海中 RDOC 十分接近的化合物，揭示了 MCP 在深海巨大碳库形成过程中的根本作用。由此，MCP 以严谨的理论框架和确凿的实验数据，解释了早在 1968 年《自然》文章提出的

"Enigma"，揭开了这个长达半个世纪的"不解之谜"的面纱，为海洋RDOC碳库及气候效应评估预测提供了新的理论基础。

MCP成为海洋碳汇领域国际前沿研究热点，相关文章自发表以来持续被美国基本科学指标（Essential Science Indicators, ESI）遴选为高被引文章，引领了学科发展方向。2014年，焦念志在学科交叉著名期刊 *Biogeosciences* 发表了有关MCP固碳机制的前瞻性综述；2015年，《科学》刊发评述文章，以MCP理论建立了RDOC库形成的"稀释假说"和"生物惰性假说"的有机链接，通过浓缩实验的理论模拟再次验证了焦念志在《生物地球科学》上发表的前瞻性综述论文中的观点。2024年，焦念志应邀在影响因子高达88.1的国际顶尖学术期刊 *Nature Reviews Microbiology* 发表综述文章，从地球系统的视角全面剖析了以MCP为核心的碳循环过程在气候变化中的作用。作为海洋负排放的核心理论框架，MCP不仅为科学界展现了海洋储碳新机制，也为全球碳中和目标提供了新的负排放路径。

焦念志有关微型生物在海洋碳储库及气候变化中的作用研究成果再次获得国家自然科学奖二等奖。

焦念志继2007年获国家自然科学奖二等奖之后，
时隔8年，2015年再次获奖（均排名第一）

尽瘁事国，科研成果服务国家政策需求

焦念志注重理论与实践结合，把所学、所研服务于国家需求，并通过自己的学术影响把有关的中国方案推向世界。他提出的 MCP 理论及衍生的海洋负排放方案被纳入联合国政府间气候变化专门委员会评估报告、政府间海洋学委员会（IOC）碳报告，为我国争取相应领域的国际话语权提供了科技支撑。

早在 2011 年，焦志念就向国家发展和改革委员会提交了"研发海洋碳汇保障经济发展"的建议，并获"十二五"规划建言献策一等奖。这项建议与十年后的碳达峰碳中和国家目标一致。一个观点的提出必须靠数据说话，这是焦念志坚持的原则。不仅在中国海域，还有世界大洋，他充分利用一切机会到现场获取第一手数据，无论是热带岛礁，还是寒带河口都留下了他调研的脚印。焦念志注重学科交叉融合，发挥集体智慧的作用。例如，2012 年，他主持中国科学院院士咨询项目"海洋碳汇研发的战略布局"，带领院士专家们前往西沙群岛一线调研，就南海珊瑚岛礁安全及海洋碳汇应用等方面向国家有关方面提出多份咨询建议。再如，2013 年，他领衔举办了中国科学院学部科学与技术前沿论坛"陆海统筹研发碳汇"，这也是首个跨学部论坛。2013 年 9 月，国内 30 多个涉海科研院校、政府单位和社会企业，在焦念志的带领下，按照"自发、自愿、贡献、分享"的原则，成立了以基础研究为引领，涵盖"政、产、学、研、用"的"全国海洋碳汇联盟"（COCA），成为汇聚全国优势力量进行全链条研发减排增汇的两全其美之策。

2014 年 8 月，焦念志组织举办中国科学院学部"海洋科学与技术前沿战略论坛"。11 位中国科学院院士、工程院院士和来自欧洲、美洲、亚

（a）潜水调研栽培珊瑚礁生长情况；（b）在加拿大河口调研采样；

（c）带领院士专家团队在西沙调研（2012 年）

洲 7 个国家的 11 位国际知名专家就海洋战略的方向和热点问题进行了热烈讨论。焦念志在会上作了"中国蓝碳计划与未来海洋联盟倡议"的主旨报告，得到了与会人员的积极响应，与会专家共同推举焦念志牵头成立

"中国未来海洋联合会"（CFO），并推出"中国蓝碳计划"。2018 年，焦念志全面汇总了蓝碳计划阶段性行动成果，出版了《蓝碳行动在中国》一书。现在回头看，焦念志十年前倡导的蓝碳理念，发挥了前瞻作用，而当时推出的"中国蓝碳计划"对于当下实现碳达峰碳中和目标提供了有效的支撑。

焦念志领衔推出"中国蓝碳计划"（2014 年）

一直以来，焦念志不仅在学术界倡导新兴科学理念，而且也在努力链接科学与政策。2013 年，他在第十二届全国人民代表大会会议上提交了"建立国家海洋碳汇研发基地、科普教育基地、国际协作基地"的建议，得到国家领导人批示。同年，焦念志主持完成的国家气候变化委员会咨询报告《关于陆海统筹研发海洋碳汇的建议》，获得时任国家领导人李克强总理和张高丽副总理的批示，并转办各相关部门。2015 年，中共中央、国务院印发《生态文明体制改革总体方案》，明确提出要建立海洋碳汇的有效机制，并在《中共中央 国务院关于加快推进生态文明建设的意见》《中华人民共和国国民经济和社会发展第十三个五年规划纲要》《"十三五"控制温室气体排放工作方案》《全国海洋主体功能区规划》等多份重要文件中对发展海洋碳汇作出了部署。

2020 年 8 月，习近平总书记在经济社会领域专家座谈会上对专家学者提出希望：从国情出发，从中国实践中来、到中国实践中去，把论文写在祖国大地上，使理论和政策创新符合中国实际、具有中国特色。焦念志积极响应号召，带领科研团队在服务国家需求的道路上，一步一个脚印地前进。2020 年 9 月 22 日，习近平总书记在 75 届联合国大会上宣布中国碳达峰碳中和目标。9 月 23 日，焦念志第一时间组织人员讨论如何行动起来服务国家目标需求，26 日便带领团队出发对我国沿海代表海区（厦门、连江、长江口、崇明岛、盐城、苏北浅滩、青岛、威海、烟台、长岛等）进行现场考察。考察结束后，他前往北京向自然资源部、农业农村部、国家自然科学基金委员会以及科技部等部门进行了汇报交流。各部委对海洋碳汇助力实现国家碳中和目标予以高度重视。同年 11 月，在海洋生态经济国际论坛上，焦念志联合来自教育部、中国科学院、自然资源部、农业农村部等部委所属大学和研究机构的"全国海洋碳汇联盟"成员代表发起"实施海洋负排放 践行碳中和战略"倡议。

2021 年 1 月，焦念志在《中国科学院院刊》发表了题为《研发海洋负排放技术 支撑国家碳中和需求》的文章。他在文章中就全球碳中和日程进行分析，并提出了实现我国碳中和目标的海洋负排放对策。同年 3 月，他再次联合全国本领域专家在《中国科学：地球科学》上发表题为《实施海洋负排放 践行碳中和战略》的文章，提出基于"海洋负排放"的增汇路径和体系方案，包括陆海统筹减排增汇、海洋缺氧酸化环境减排增汇、滨海湿地减排增汇、养殖环境减排增汇、珊瑚礁生态系统减排增汇、海洋地质碳封存、海洋碳汇核查技术体系，以及海洋碳汇交易体系和量化生态补偿机制。这些观点在同年 4 月国家自然科学基金委员会主持的双清论坛、科技部主持的香山科学会议上引起同行专家的强烈共鸣和积极响应。2021 年 5 月，焦念志受邀在中国科学院学部第七届学术年会全体院士大会上作大会报告，阐释了海洋负排放这个跨学科前沿科学问题及其技术原理，并结合我国国情提出了合情、合理、合法的海洋负排放中国方案。

焦念志在香山科学会议（左上）、中国科学院全体院士大会上
作大会报告（2021 年）

2023 年是全面贯彻党的二十大精神的开局之年，也是第十四届全国政协履职第一年。焦念志院士作为环境资源界新增界别委员，立足所在界别，积极建言献策。围绕环境保护问题，提交"关于水质指标修正与环境政策调整的提案"；围绕"双碳"目标提交"利用污水处理支撑碳中和的可持续发展行业示范的提案"，为催生新质生产力提供了实实在在的路径。

放眼世界，走向国际舞台中央

只有放眼世界，才能走上国际舞台。然而，茫茫科海中引领国际前沿谈何容易，尤其是炙手可热的全球变化领域人才济济，国内外竞争异常激烈，但焦念志坚定不移地走在这条充满挑战的科学创新之路上。

20 世纪 80 年代末，以美国科学家为首发起的"全球海洋通量联合研究"（JGOFS）是海洋领域有史以来最有影响力、产出最多的国际大科学计划之一。焦念志自 20 世纪 90 年代初参与 JGOFS，从工作组（NPTT）到集成组（NPSG），直到 2004 年他作为中国代表一直在参与此项工作。他还相继参与全球海洋生态系统研究（GLOBEC）、陆海相互作用带研究（LOICZ）等大型国际计划。近 20 年的时间里，他获取了大量科学数据的同时，也积累了丰富的工作经验，为此后引领学科发展打下了深厚的基础。

2008 年，当焦念志提出的 MCP 理论框架逐渐成型时，国际科学联合会理事会（ICSU）海洋研究科学委员会（SCOR）专门设立了 MCP 科学工作组，由焦念志和美国文理科学院阿扎姆（Azam）院士任联合主席。MCP 科学工作组十分活跃，四年到期后 SCOR 又额外资助两年。其间，焦念志联合国际专家在包括《科学》和《自然》子刊在内的期刊发表了多篇有影响力的文章。截至 2014 年，MCP 科学工作组在 6 年执行期中每年都举行国际学术活动，地点除了中国之外，还包括美、欧发达国家以及印度、巴西等发展中国家。值得一提的是，这个由中国人发起的国际工作组其活动经费大都由国外提供，包括美国、德国以及 SCOR、国际湖沼与海洋科学学会等国际组织。除了举办国际会议，MCP 科学工作组还受资助在美国举办了青年科学家培训班。

焦念志与他所领导的 MCP 工作组部分专家交流探讨

在国际活动中，焦念志致力于为我国争取相关领域的话语权。2013年，习近平总书记提出"一带一路"倡议之后，焦念志积极响应号召，利用他所领导的海洋研究科学委员会 MCP 科学工作组的国际合作优势，先后在印度（2013 年）、巴西（2015 年）等金砖国家组织召开海洋碳汇研讨会。在美国、德国、丹麦、挪威等组织召开的各类学术研讨会，以及

由美国、德国等资助召开的研讨会、培训班，焦念志一步一个脚印地落实
"一带一路"倡议。

美国戈登研究会议（GRC）是为前沿学科打造的高端、严谨的学术
交流平台，对学科方向和发起人要求极为严格，新兴学科论坛的审核更是
非常苛刻。2014 年，GRC 总部批准焦念志申请的"海洋生物地球化学与
碳汇论坛"设立为永久论坛，这也是首个基于中国科学家提出的理论引导
新学科方向的 GRC 永久论坛。这对于推动我国海洋科学走向世界舞台具
有标志性意义。

焦念志在著名的美国戈登研究会议上发起"海洋生物地球化学与碳汇论坛"永久论坛

2015 年，在第十二届全国人民代表大会上，焦念志提出将"中国蓝碳计
划"纳入"一带一路"建设框架，丰富了 21 世纪海上丝绸之路的科技内涵，
并建议通过蓝碳计划催生碳汇标准，建立碳交易市场，落实生态补偿机制，推
动低碳经济发展。由此，将蓝碳计划推广到 21 世纪海上丝绸之路共建国家，
加强与这些国家的交流、合作，让蓝碳计划成为促进低碳经济的新引擎。

焦念志在全国人民代表大会会议上提出将"中国蓝碳计划"纳入"一带一路"
建设框架，引起媒体的高度关注（2015 年）

2017 年，焦念志组织举办中国科学院打造的国际学术品牌"雁栖湖会议"首届会议，"气候变化与海洋碳汇"被遴选为开坛首会的论坛主题。来自中国科学院、国家海洋局、科技部以及联合国教科文组织政府间海洋学委员会的领导共同出席参加，来自美国、加拿大、英国、德国、法国等 9 个国家的 17 名国际著名学者作了主旨报告。会议产出了科技链接政策在内的一系列重要成果，以专辑的形式刊发在《国家科学评论》（*National Science Review*）以及《中国科学》期刊，成果内容涵盖"海洋碳汇过程与机制""海洋碳汇模型与预测""海洋碳汇标准与体系"等方面。

2018 年，焦念志召集"海洋生源要素循环过程与效应"国际研讨会，联合加拿大、美国、法国、英国、德国等海内外科研院校的院士、专家、研究人员成立"海洋研究与教育国际联合实验室"（LORE）。通过中外科学家的协同合作，针对"微型生物碳泵"海洋储碳新机制，开展人工控制下的模拟海洋生态过程与生物地球化学过程研究和碳汇形成机制研究。

随着国际学术影响力的不断提高，焦念志越来越多地出现在国际舞台上，他提出的有关科技链接政策的理念在国际上进一步得到广泛共识。他本人也应邀成为联合国政府间气候变化专门委员会（IPCC）气候评估报告的领衔作者。IPCC 旨在提供有关气候变化的科学技术和社会经济认知状况、气候变化原因、潜在影响和应对策略的综合评估，为世界各国政府决策者制定气候政策提供权威科学支撑。然而，海洋碳汇作为一个新兴领域此前并未被纳入 IPCC 报告。在焦念志及国际海洋碳汇科研工作者的共同努力下，2017 年 IPCC 气候评估报告中首次纳入"海洋碳汇"内容，为联合国有关部门和各国政府科技决策提供了新依据。2019 年，MCP 理论及衍生的相关海洋负排放增汇措施被纳入 IPCC 气候变化特别报告，并将 MCP 作为新术语词条进行解释。特别是，焦念志基于 MCP 理论和中国国情提出的"减少陆地施肥 增加近海碳汇"以及"通过海水养殖系统内部调节增加碳汇"的建议被纳入 IPCC 特别报告。在微型生物碳泵的理念指导下，可将一直被国外诟病的养殖水体污染环境转变成为实施海洋负排放（人为增汇）的场所，使海水养殖业经济活动不仅可以提供海洋食物，还能贡献于海洋碳汇，为我国在涉及环境问题上的国际话语权提供了科技支撑。2020—2023 年，焦念志连续多年应政府间海洋学委员会（IOC）邀请，参加海洋碳汇报告的撰写，并领衔撰写"气候变化应对方案"章节。

焦念志作为 IPCC 气候变化特别评估报告领衔作者在斐济与会

焦念志科学链接政策的另一成果事例是揭示了全球自然水体水质评估中存在的误区。化学需氧量（COD）是世界各国沿用了上百年的水质指标。然而，COD 用于自然水体水质评估时常出现所得结论明显不符合实际情况的案例，令人困惑、造成混乱。焦念志带领国内外合作者在全球范围内的森林、湖泊、河流、海洋等自然水环境开展系统性调查。发现了天然水体（森林、湖泊、河流、海洋等）中含有大量的溶解有机碳，其中的一部分为易降解的溶解有机碳（LDOC），而另一部分是耐受生物降解的惰性溶解有机碳（RDOC），前者是造成水体缺氧、酸化等环境问题的重要污染源，而后者是可储存的碳汇。这项全球科研合作调研结果发现：现行水质指标 COD 标准测定方法可同时氧化 LDOC 和 RDOC，即误把 RDOC 碳汇当污染，且这种"颠倒黑白"的情况在全球各种环境中都普遍存在，尤其是高纬度森林地区，COD 所指示的所谓"污染"中，高达 90% 的份额不是污染而是碳汇。相关研究成果发表于《科学进展》（*Science Advances*）。可以预见，在新认识、新理论指导下，通过制定有关的方法、技术、标准、规范，科学量化生态补偿机制，可将以往被错判的"迷失碳汇"从天然水环境污染物中区分出来，从而正确评判水质和提高认知水体碳汇能力。

焦念志还在文章中指出，应对气候变化是最有国际共识的有限领域之一，是最适合科学/技术合作的领域之一，是全球治理的有力抓手。应对气候变化危机的有效方法必将是国际合作与基于长期规划的国家政策和全球公众意识的结合，如此，才能引导人类社会走向可持续的未来。焦念志是这么讲的，也是这么做的。2020 年，他联合美国、欧洲、加拿大等国家和地区的科学家，与两大国际海洋科学组织"北太平洋海洋科学组织"（PICES）和"国际海洋考察理事会"（ICES）成立了旨在从理论到应用的国际联合工作组，致力于研发海洋负排放路径、链接科学与政策，促进政府间合作，为科学界、公众和政府提供气候应对政策和 ONCE 计划的海洋增汇示范途径建议。

引领前沿，发起国际大科学计划

当今世界正经历百年未有之大变局，应对气候变化是全球人类的共识。在中国、美国、印度、俄罗斯四个高碳排放国中，中国是第一个提出碳中和目标的国家。中国的这一重大举措带动其他碳排放大国加快碳中和目标进程。2019 年，美国国家科学院、工程院和医学科学院联合发表了"负排放技术与可靠的碳封存：研究议程"。其实，最早在 2017 年，焦念志就已经在国际会议上发出 ONCE 计划号召。2019 年，焦念志领衔中国、美国、加拿大、德国、英国、法国、俄国、日本、韩国、芬兰、丹麦、捷克、以色列、阿根廷、印度等国家的科学家正式共同签约发起 ONCE 计划，在海洋负排放国际领域，努力保持中国科学家的先发优势。

2022 年，焦念志作为中方代表入选发展中国家科学院（The World

Academy of Sciences，TWAS）首届气候变化常委会，成为九名常委之一。TWAS 隶属联合国教科文组织，总部设在意大利，是国际上有影响力的全球性科学院之一，更是中国发挥作用的一个重要国际舞台。这将有利于ONCE 计划通过 TWAS 传播推广海洋负排放路径方案，不仅团结了发展中国家，也贡献于全球治理和可持续发展。

同一年，焦念志牵头发起的全球海洋负排放计划（Global Ocean Negative Carbon Emission，Global-ONCE）正式通过联合国教科文组织政府间海洋学委员会评审，成为联合国"海洋十年"全球行动的国际大科学计划。2023 年，党中央、国务院批准 ONCE 计划正式立项。已有来自 33 个国家、79 所科研院所单位的科学家加入 ONCE 计划，在全球范围内共同开展海洋负排放研究。

2023 年 11 月 7 日，在由 70 多位诺贝尔奖、图灵奖以及菲尔兹奖得主组成的"世界顶尖科学家协会"（WLA）论坛上，焦念志主持举办了ONCE 碳论坛。11 月 8 日，以"落实负排放方案、推动可持续发展"为主题的第二届海洋负排放开放科学大会在厦门召开。联合国秘书长海洋特使彼得·汤姆森以及七位美欧科学院院士与会并作报告。会上发布了ONCE 计划阶段性成果，包括 ONCE-BCMS 路线图、ONCE 公开课教材——《宜居地球——地球系统与生命的共演化》，并为厦门海洋负排放研究中心、海洋负排放欧洲分中心、海洋负排放泛美分中心及海洋负排放亚洲分中心四个推进机构揭牌，举行了国际标准化组织（ISO）"海洋负排放与碳中和工作组"成立仪式。开放科学大会最后，焦念志带领学生合唱 ONCE 主题曲，动情的歌声使海洋负排放理念更加深入人心。

联合国气候变化大会（United Nations Climate Change Conference）将政府、企业、非政府组织和民间社会的领导人聚集在一起，寻找我们这个时代有关气候变化的切实解决方案。2023 年 12 月，焦念志应邀前往迪拜

ONCE 计划与世界顶尖科学家协会联合主办碳大会专题论坛

ONCE 计划开放科学大会

参加《联合国气候变化框架公约》第 28 次缔约方大会（COP 28）。本届气候大会以"团结、行动、落实"为主题，在当前全球变暖趋势严峻的背景下，此次 COP 28 受到世界各国高度关注，这也是联合国气候变化大会举办史上参会人数最多的一次大会。ONCE 计划倡导的海洋负排放方案蕴含中国传统哲学智慧"天人合一"，也引起了 COP 28 与会各方的高度关注。

焦念志应邀出席了 COP 28 中国角、联合国"海洋十年"行动、美国海洋角等重要主场的开幕式，作为特邀发言人参加了 UNOC 2025 主办国法国以及代表北极地区的挪威主办的论坛，并主办了三场 ONCE 主题边会，就气候变化行动、海洋可持续发展、海洋负排放等话题作主题演讲。

焦念志在 COP 28 海洋边会上与欧美科学家分享交流 ONCE 计划中国方案

焦念志与联合国前副秘书长、世界资源研究所高级顾问埃里克·索尔海姆（Erik Solheim）、联合国秘书长海洋事务特使彼得·汤姆森（Peter Thomson）、摩纳哥元首阿尔贝亲王二世、美国环保协会（EDF）总裁柯瑞华（Fred Krupp）、澳大利亚明德鲁基金会（Minderoo Foundation）首席科学家安东尼·沃比（Anthony Worby）等全球各界人士进行了互动交流。海洋角开幕式上，联合国秘书长海洋事务特使彼得·汤姆森先生在致辞中列举致力于海洋科学与气候治理的人物时，风趣地称焦念志为"Mr. Ocean of China"（中国海洋先生），引起了与会人员对中国海洋科学家在全球气候变化中的贡献和行动的进一步关注。会上，还有来自美国、法国、澳大利亚、日本、斯里兰卡等国的科研机构、社会组织以及企业界等多方发出的邀请，希望与ONCE计划加强科研政策合作。

传道授业，注重科学教育，培养创新人才

习近平总书记指出，科技创新、科学普及是实现创新发展的两翼，要把科学普及放在与科技创新同等重要的位置。这对于长期奋战在科研一线又注重科学教育的焦念志来说是一个极大的鼓舞。如果说科学创新是科学家专注于专业问题深入研究做到的，那么科普似乎是现学现卖也可以做到的。而焦念志不这么看，他认为科学教育同样需要严谨认真，需要花大气力把严肃的科学问题以人们容易理解的方式表达出来，才能做到深入浅出、通俗易懂，真正达到传播科学的目的。这种高级科普做好了，可以真正起到促进学科交叉、启迪思想的作用。焦念志的行动证明了这一点。

2021年，在每两年召开一次的中国科学院全体院士大会上，焦念志在大会报告中，用"蜡封肉丸子"的动画，把海洋储碳几种不同机制相互作用的最新认识，以栩栩如生的画面展现在不同专业的专家面前，给人

留下深刻印象。当其他学科的院士问他是怎么想出来的时候，他回答说："我从接到通知作大会报告的时候就一直苦思冥想，吃饭的时候也在想，突然餐桌上的肉丸子给了我灵感，熬到昨天深夜总算做出比较满意的动画。"据主办方统计，超 300 万人通过网络在线观看了此次报告会。

The Innovation 是我国打造学术期刊的一个成功范例。*The Innovation* 在周六晚上举办科学之夜，是学术交流的一个标志性品牌。2022 年 11 月，焦念志应邀做科普讲座，以"从海洋碳汇成因之谜到海洋负排放国际大科学计划"为题，用通俗易懂的语言和生动活泼的动画展示了海洋负排放前沿理论和技术路径，引发听众广泛兴趣，官方统计在线观众达 49.1 万人。

2022 年 12 月 31 日，*The Innovation* 跨年夜科学沙龙晚会邀请了科学家、艺术家和科普作家们跨界思想碰撞，八仙过海各显其能，共同解读 2022 年度全球重要科技进展。焦念志再次应邀参加跨年科普活动，他以"宜居地球–碳中和"为题，通过绘画、实践和音乐三种方式，向大家科普宣传人类与环境之间的相互依存关系，畅想人类更美好的未来。这种新颖的科普方式博得了大家好评，引领了科学跨年活动新风尚。

2023 年 4 月，"科学与中国"院士专家巡讲团走进大湾区，深入开展科普巡讲。焦念志应邀前往中国科学院深圳先进技术研究院作题为"碳中和与海洋负排放国际大计划"的科普报告，并结合自己的科研、工作经验做了分享交流，引起良好的互动反响，《中国科学报》为此增加现场专访，焦念志就如何加强科普工作、如何做好人才培养以及研究生就业等热点问题进行了分享交流。

焦念志受邀参加香港科技创新教育联盟"科创大讲堂"活动，担任香港圣保罗男女中学科学教育讲师，于 2023 年 2 月至 2024 年 3 月开展科普授课活动，推动了香港与内地的科普教育交流活动的同时，也使广大香港青少年熟识 ONCE 计划，激发了师生们探索海洋科学的激情。

百年大计，教育为本；国之兴衰，人才为本。人才是创新的根基，创新驱动实质上是人才驱动。谁拥有一流的创新人才，谁就拥有了科技创新的优势和主导权。习近平总书记指出，要从党和国家事业发展全局的高度，坚守为党育人、为国育才。随着国家"双碳"目标的确立，海洋碳汇人才的培养和技术储备对中国"双碳"目标的实现及引领国际大科学计划意义重大。

除了在清华大学、北京大学等 30 多个高校和科研院所及学术团体开展"海洋碳汇"讲座之外，焦念志还注重系统的授课。他带领团队在国内首次开设的"生物海洋学"研究生核心课程，被纳入国务院学位委员会学位课程体系。他也注重学生动手能力和技能培养，设立基于基础理论前沿配套的新技术课程和教学实践课"海洋科学前沿与实验技术"，多年来亲自授课在第一线。他注重钻研教学方式效果，在教育部全国高校教师网络培训中心主办的"第二届全国高校微课教学比赛"上，焦念志的"海洋微型生物碳泵的基本内涵"课程获特别奖。

在教学方式创新方面，他深入思考并试行培养人才新模式。2022 年，焦念志发起建立"地球系统科学通识教育改革虚拟教研室"。在课堂授课创新模式方面，创立授课三人组（Instructor-Lecturer-Moderator）教学模式、"通识题—思考题"本研一体化考查模式，融合科学、哲学、艺术、社会素养，贯通基础知识与科学前沿的桥梁，开阔学生的视野、拓展学生的知识面，培养学生分析问题解决问题的能力。

当前，虚拟教研室第一门本研一体化课程——"宜居地球"已正式开课，来自国内外的院士专家相继亲赴厦门大学线下授课，在地球各圈层的构成与演化发展、地球各圈层的系统演变、全球碳循环、地球系统科学研究方法等方面开展系统授课教学。在 ONCE 计划的支持下，2023 年，英国卡罗尔·鲁宾逊（Carol Robinson）教授（ONCE 计划联合主席）、加拿大柯蒂斯·萨特尔（Curtis Suttle）院士（加拿大皇家科学院）、法国琼-皮埃尔·加图索（Jean-Pierre Gattuso）院士（欧洲科学院）和路易斯·勒让德尔（Louis Legendre）（欧洲科学院）、奥地利格哈德 J. 亨德尔（Gerhard J. Herndl）院士（奥地利科学院）五位国外院士专家亲临课堂授课。课程内容涵盖全球黑暗海洋中的原核生物活动、海洋病毒的重要性、地球系统科学的核心概念、如何成为一名海洋科学家，以及海洋科学家在国际政治舞台上的经历与贡献等内容。

"宜居地球"课堂教学现场

截至目前，国内各高校每年总计近 2000 余名学生通过线上线下方式从"宜居地球"课程中获益。作为教育改革课程，在形式上，更加强调课堂互动，以序曲和视频结合进行多媒体教学和引导，以通识题和思考题结合引导学生主动思考。在内容上，初步建立了教学和科研融合新模式，形成与前沿科技紧密结合的新内容体系。"地球系统科学通识教育改革虚拟教研室"的实践展示了它巨大的创新潜力和良好的发展前景。

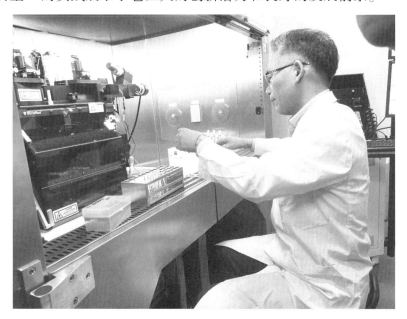

焦念志在实验室

结　语

事业始于梦想、基于创新、成于实干。回首过往，焦念志的科研之路既像起伏不平的盘山小径，又似通往广阔天地的康庄大道。他从初级生产力结构入手，揭示固碳与储碳之间的本质不同；从探索海洋中看不见的主角——微型生物的组成，到发现个体最小的原核光合微型生物原绿球藻在我国海区的大量存在；从揭示好氧不产氧光和异养菌的全球分布规律，到提出"微型生物碳泵"理论框架；从认知海洋储碳新机制，到链接科技与政策，再到服务国家需求；从科学创新到人才培养，从国内到国际……

焦念志一次次创新突破就像登上一个个山峰，他的系列科研成果恰似在山峰之间搭起一座座知识的桥梁，逐渐形成科学体系。长期的科研积累和不断的认识升华，使他知识站位更高、科学视野更广、理念格局更大，最终发起 ONCE 计划，既服务国家需求，又践行国际共识。

今天，我们的国家比历史上任何时期都更接近、更有信心和能力实现民族复兴的伟大目标。科技创新和科学教育将为实现这一目标发挥不可替代的作用。我们期待着焦念志发起的 ONCE 计划为应对全球气候变化寻求合情、合理、合法的路径，为实现全球碳中和提供科技支撑，为构建人类命运共同体贡献智慧和力量。

（蓝志鹏）

微信"扫一扫"观看视频

振兴海域绘蓝图　共同富裕守初心

——记荣成市寻山街道青鱼滩社区党委书记、居委会主任，寻山集团有限公司党委书记、董事长李长青

人生的选择有很多，而我却选择了扎根故土。既然做出了选择，就应该拿出披荆斩棘的勇气发展壮大海洋经济，带着真情为老百姓做事，让渔村的父老乡亲们都富起来。如果我的努力能让他们的生活更幸福，那将是我此生最大的快乐。

——李长青

　　李长青，荣成市寻山街道青鱼滩社区党委书记、居委会主任，寻山集团有限公司党委书记、董事长，第十二、十三、十四届全国人大代表。他坚定新发展理念，实施"科技兴海，产业富民"发展战略，在建设 10 万亩（约合 66.67 平方千米）国家级生态海洋牧场，推动海水养殖产业实现转型升级、提质增效的同时，以产业振兴为基础，推动乡村全面振兴，积极打造共同富裕的新典范。李长青曾获得"国家万人计划领军人才""全国农业劳动模范""山东省乡村振兴突出贡献先进个人""山东省十大杰出青年"等荣誉称号。

李长青曾经面临一次人生的重大转折——一边是原有的前程似锦的仕途之路，一边是家乡企业陷入困境，村民都盼望他回来。从政界到企业，从"县官"到"村官"，李长青用实际行动，实现了人生的精彩跨越。

回乡后，李长青坚定"科技兴海、产业富民"的发展战略，坚持走科技创新之路，建设 10 万亩国家级生态海洋牧场，推动海水养殖产业实现转型升级，秉承产业富民的初心，担当使命，以鹰击长空的气势和胸怀，带动周边 9 个村实现共同富裕。

李长青连续三届当选为全国人大代表。多年来，在各级庄严的人大代表会议上，他不负众望，为民发声。他提出的"共享产业发展成果，打造共同富裕新渔村"的村企共建新模式和经验，给与会代表留下了深刻的印象，让人们领略了这位"村官"深厚的爱民情怀。

李长青参加全国人民代表大会

李长青指导青鱼滩社区工作

对于自己的人生观，他常这样说："人生的选择有很多，而我却选择了扎根故土。既然做出了选择，就应该拿出披荆斩棘的勇气发展壮大海洋经济，带着真情为老百姓做事，让渔村的父老乡亲们都富起来。如果我的努力能让他们的生活更幸福，那将是我此生最大的快乐。"

李长青带着这样的感情苦心经营 20 多年。如今，青鱼滩集体经济早已扭亏为盈，2022 年寻山集团利润同比增长 20% 以上，集体收入突破 20 亿元，实现利税 1.7 亿元，村民人均收入达 6 万多元。

至此，寻山集团如凤凰涅槃，浴火重生，成为全国重要的"海上粮仓"和"科技兴海"示范基地。而李长青依旧初心不改，继续为这片辽阔、富饶的海域描绘更宏伟的蓝图。

重大抉择——寻梦故里再塑人生目标

2003 年，时任威海市环翠区副区长的李长青，这位在众人眼里仕途顺风顺水、正处在事业上升期的副处级年轻干部，却突然面临着人生重大的抉择。

1967 年，李长青生于荣成市寻山青鱼滩村，这个位于山东半岛东端的小渔村，坐拥桑沟湾和爱伦湾两大天然港湾，地理位置十分优越。随着经济发展、科技进步，村集体经济也融入改革开放的浪潮，大力发展捕捞、冷藏等海洋产业。但是自 90 年代以来，海洋资源日趋枯竭，近海捕捞业严重萎缩，以捕捞业为基础的冷藏、加工、运输等产业随之陷入发展困境，村集体经济连年亏损，青鱼滩村负债累累，一度连村民工资都难以兑现。

寻山集团创建于青鱼滩村，前身是荣成市第一批渔业合作社。公司在李长青父亲的带领下，拓展海上资源，加大科技创新，保持良好发展态势。2001 年李长青的父亲因突发疾病无法继续经营管理公司，导致公司出现经营管理不善、效益下滑等问题。这时职工和乡亲们唯一想到的就是在外发展的李长青，祈盼他能够回到企业挑起振兴发展的担子。

李长青从 1988 年走出青鱼滩村后，无论做什么工作都带着一股敢闯敢拼的"牛劲"。十几年来的磨炼让他在各个工作岗位都展现出求真务实、勇于创新的工作作风。1999—2002 年就任港西镇镇长、党委书记期间，他确立了"招商引资、借外兴镇"的目标，依靠诚信待人的服务态度取胜，高强度推进招商引资工作，短短三年时间，累计引进外商投资项目 40 多个，开办外商合资、独资企业 30 多家，将港西镇打造成远近闻名的外资镇，成为威海地区招商引资工作的一面旗帜。其本人也因工作成绩突出，被上级破格提拔为威海市环翠区副区长，主抓招商工作，成为当时威海市最年轻的副县级领导干部。

如果这个时候离开就等于放弃了"铁饭碗"和蒸蒸日上的事业，但如果不回去，就不能尽孝照顾父亲，也无法帮助父老乡亲走出困境，李长青处于两难境地。一时间，家人的反对、领导的挽留、外界的质疑让李长青彻夜难眠。但每当他想到父亲的病情和家乡父老面临的苦楚、期盼的眼神，李长青的内心就波涛翻滚。几番掂量之后，这位铁骨铮铮的硬汉抛开所有的压力，带着对故土的深厚情感，毅然终结了仕途，辞去"县官"，挑起了"村官"的重担。

2003 年 6 月，作为寻山集团"掌舵人"的李长青一上任就面临诸多困境：村集体账面欠银行贷款 12 077 万元，欠干部、职工工资 286 万元；公司发展过程中建造的现代化、多功能育苗场和约 10 000 平方米的现代化养鱼场都因资金问题几近萧条；最棘手的问题是公司的支柱产业海带价格一度下跌，长期合作的一家海带收购化工厂开始不断压价，收不到钱又被卡脖子，导致海带价格最低时跌至每千克 0.4 元，连人工成本都不够……

怎么办？面对前所未有的压力，李长青来不及喘息，他冷静下来，以惊人的魄力、破釜沉舟的勇气从稳定海带价格入手开始破局。

海带养殖是集团的核心产业。当时寻山海带产量占荣成总产量的 50% 左右，如果海带价格不稳定就会影响全产业链的价格波动，所以他首先提出提价先提质的原则，确保寻山海带一流的品质。其次，为稳定海带价格，促进海带产业长久发展，2004 年他亲自带队调研后，大胆决策第一个投资项目——建造属于自己的化工厂。2006 年化工厂投产使用，寻山集团成立了荣成凯普生物工程有限公司。该公司以鲜海带为原料提取海藻碘、海藻胶、甘露醇等高附加值产品，极大地提高了海带的加工利用率，并且解决了以往海带晾晒导致的占用土地等问题。一系列的措施让海带价格保持上涨势头，牢牢地稳定了海带产业的发展，成为荣成海带产业的"风向标"。

李长青调研海带养殖产业情况

解了燃眉之急，公司逐步走入正轨，大家都松了口气，但李长青没有，他以更高、更广的维度，系统审视青鱼滩村的经营状况，深度剖析制约公司发展的瓶颈，辩证思考着近、中、远期发展战略。

李长青在笔记本上严肃地写下了"促进区域发展，实现共同富裕"几个刚劲有力的大字，他常常看着这几个字陷入深思。怎能不深思呢？李长青的命运，早已和这片深情的大海分不开了，他初心坚定，他的梦想将在这里起航。

重振雄风——科技创新加速战略转型

李长青上任后公司的经营开始好转，他的实干作风、不等不靠的敬业精神时刻影响着公司的每一个人。为实现"产业富民"的梦想，李长青身先士卒，从不坐办公室听汇报，他每天都要到码头、养殖场、育苗基地转转，发现问题及时解决。李长青告诫大家，原来靠海吃海，看天吃饭、看人脸色的路径必须颠覆，唯有创新理念，才能实现产业发展的根本性、战略性转变。他还以党员大会和村民大会的方式，充分发扬民主，深凝全员共识，为转型发展做好思想铺垫。

李长青调研育苗产业情况

2011年，他果断提出了依托临海优势，实施"科技兴海、以养兴渔"

的发展新战略：紧密依靠科技进步，大力发展现代海水增养殖业，卸载资源与环境压力，推动产业转型升级，构建企业发展、群众富裕和生态友好的"三位一体"新格局。从此，寻山集团开启了科技创新引领经略海洋的新征程。

李长青深知科技兴海首先要培养企业自己的科技力量，组建科技研发队伍，必须突破传统渔业企业人才匮乏的瓶颈和制约。

李长青首先培养和选拔企业内部的人才，先后选派了 50 名技术骨干到国内大专院校和科研院所学习深造。深造人员的学习费用由公司承担，并保留工资待遇，公司还对外出培训的家眷亲属给予特别关照，让他们消除后顾之忧，集中精力在外潜心研读、开阔视野、提高水平。同时，还与多所知名大学合作建立了实习基地，安排相关专业的大学生到公司实习，从中择优录用，为企业发展储备了充足的后备人才资源。

培养自己的人才队伍固然重要，但是李长青认为通过研发项目吸引人才更是当务之急。在他和公司领导班子制定的"围绕项目引人才、引好人才促项目"的思路下，公司很快便依托承担实施的"863"计划、"973"计划等重大科技项目，有重点地吸引了包括 3 名院士、15 名博士在内的 60 多名领军型高层次科技创新人才，形成了重大科技项目推进与科技人才引进互动双赢的良好局面。

有了人才做依托，李长青的科技兴海思路更加开阔。他说："没有平台人才便无用武之地，我们要有属于自己的创新平台才能聚集人才。"那一年李长青不顾旅途疲劳，多次往返北京、上海、青岛等地，亲自与中国海洋大学、中国科学院海洋研究所、中国水产科学研究院黄海水产研究所、中国农业大学等院所探讨交流，建立"产学研"合作关系。在企业发展进程中，李长青注重多方引进科技人才，聘请了唐启升、包振民等十多位国内著名的海洋专家，最大限度激发他们的创造潜能，善待每一位科

李长青指导企业科研人员

技人员，形成了尊重知识、尊重人才、尊重创造的良好氛围。

　　最让李长青感到欣慰的是，经过多年努力，2014年集团建成了国内唯一的"国家海产贝类工程技术研究中心"，同时还建立了"院士工作站"以及"博士后科研工作站"等多个研发平台，为现代海洋农业发展提供了强力的技术支撑。

　　在李长青的主导和支持下，寻山集团科技创新的步伐越走越快，陆续承担实施省级以上科研开发项目30多项，其中"863"计划16项、国家科技支撑计划4项、国家"973"计划1项；获得各类重大科技成果18项，其中国家科技进步奖二等奖2项，教育部科技进步奖一等奖2项，省市级科技进步奖10多项；先后被确定为首批国家高技术研究发展计划成果产业化基地，全国科技兴海示范基地，农业产业化国家重点龙头企业，农业农村部海水健康养殖示范区，国家级海带、鲍鱼良种场等。寻山集团还被中国水产科学研究院黄海水产研究所、中国科学院海洋研究所、中国海洋大学等科研院所确定为科研与教学实验基地。

连续几年，他们陆续与科研院所开展科技攻关，培育推广海带新品种，建成了水体 5 万多立方米的北方最大的海带苗种繁育基地，年繁育优质海带苗 20 多亿株。多年与中国海洋大学、中国水产科学研究院黄海水产研究所合作，先后联合培育出了"爱伦湾""海农""206"等优良海带品种，与国家藻类产业体系首席科学家、中国科学院海洋研究所逄少军联合培育了海带新品系，新品系具有晒菜颜色好，不形成孢子囊，后期晒菜、烫菜品质好等显著特征。上述海带良种现已推广至山东、辽宁、福建等主要养殖大省，带动了中国海带产业的健康发展。

此外，寻山集团还创造了鲍鱼单位水体育苗量的历史最高纪录，培育出"寻山 1 号"皱纹盘鲍，它成为国内首个以企业为主体申报获批的水产

李长青调研鲍鱼养殖产业情况

新品种。集团培育的"蓬莱红""蓬莱红2号""蓬莱红3号"栉孔扇贝等多个优良新品种，成活率、生长速度都大幅提升，有力地带动了贝类养殖产业的提质增效。公司入选国家种业阵型企业鲍鱼和海带强优势阵型，是仅有的五家同时入选两个品种以上的企业之一。

在科技振兴的大环境下，李长青支持科研队伍开发海带采收设备的技术攻关，以降低海上采收环节的用工需求。这个难关攻克后，科研团队在继续研发制造海带采收分切一体机这项试验中却遇到了困难。由于整个行业基础非常薄弱，从零开始的难度大、投入多，在李长青的鼓励下，经过几年的不断钻研，终于完成了海带采收分切一体机设备试验，即将进入投入试生产阶段，有望实现海带采收机械化。

科技兴海——生态养殖创造业界辉煌

李长青说过："经济的发展，决不能以破坏海洋环境为代价，那将是历史的罪人。"在公司发展的进程中，李长青始终坚持"两手抓"，既抓持续发展海洋经济，又抓海洋生态，保护家乡的这片海。

2006年，本着"科学养殖、生态优先"的长远规划，李长青聘请相关机构，针对传统养殖中常见的养殖分散、养殖品种混乱、效益低下等状况，对整个养殖海域地质、生物、水动力等环境因素进行详细调查。在充分掌握本底资料的基础上，经过科学论证及探索实验，形成一种全新的生态养殖模式——将以往单一的海带或贝类养殖，改为藻类、滤食性贝类、投喂性鱼类的混合养殖，养殖比例按照7∶2∶1进行搭配，这就是所谓的"721"生态养殖模式。

该养殖模式一经推出，立即引起养殖业内高度关注。在李长青的长期支持下，公司与中国水产科学研究院黄海水产研究所等科研单位经过多年的探索，不断优化、提升这一模式。相关研究工作被列入国家科技支撑计划，相继承担实施了"浅海贝藻生态养殖技术的研究开发""海产贝类产业链关键技术研究与集成示范"等项目，并系统归纳各项研究成果，最终形成"多营养层次生态养殖模式"这一创新性成果，这项成果在 2011 年获得了国家海洋局海洋创新成果二等奖。

这种养殖方式将藻类、贝类及鱼类等进行分层养殖，上层主要养殖海带、龙须菜，中层以鲍、虾夷扇贝和栉孔扇贝等贝类养殖为主，下层增殖鱼类、海参和底栖生物。该养殖模式不仅实现了多营养层级资源充分利用，对改善海洋生态环境、吸收二氧化碳也具有明显作用。同时，由于多种养殖物生态功能互补、营养物质互用，有效地避免了水质富营养化、污染以及赤潮情况的发生。

李长青对这一项创举感到非常自豪。多营养层次生态养殖中鲍鱼养殖生态效应明显，仅投喂海带和龙须菜，不添加任何药物，对环境无污染、无毒害。鲍鱼通过代谢能够为周边海带、龙须菜等藻类的生长提供大量的无机氮和无机磷，协同促进藻类的养殖，具有良好的生态效益。综合计算，1.5 万吨活鲍鱼，每年通过收获可以从海洋中移出 0.18 万吨碳，通过粪便沉降 0.71 万吨碳，总计 0.89 万吨碳，相当于 2.2 万公顷森林一年的固碳量。另外，海底人工鱼礁的投放与生态立体养殖的有机结合，也改善了海域生态环境，为鱼类等提供繁殖、生长、索饵和庇敌场所，达到保护、增殖和提高渔获量的目的。每年公司还要在养殖海域投放黑鲪、牙鲆等鱼类以及鲍鱼、海胆、海参等海珍品，进行增殖放流，修复自然渔业资源。

时间永远是最好的见证！经历过 40 多年养殖后的桑沟湾和爱伦湾，水质清澈，依旧保持在二类以上标准，处于优质等级，这与实施的多营养层次生态养殖密不可分。

多营养层次生态养殖模式正在引领海水养殖业的发展，是我国乃至世界应对人口、资源、环境三大挑战的战略选择。国内外众多专家学者一致认为，多营养层次生态养殖模式对保障人类食品安全、减轻环境压力具有不可估量的作用。2016 年，联合国粮食及农业组织（FAO）和亚太水产养殖中心网络（NACA）将多营养层次生态养殖模式作为亚太地区 12 个可持续集约化水产养殖的典型成功案例之一向全世界进行了推广。同时，也因为集团坚持生态养殖，水质优良，国家将公司养殖区桑沟湾海域选定为水产品出口认证地。国内外多名海洋专家进驻桑沟湾，开展为期两个多月的养殖水域调查检测，最终各项指标均达到出口标准，桑沟湾也正式成为我国水产品出口欧盟的认证地。

为贯彻执行习近平总书记提出的"绿水青山就是金山银山"理念，李长青还要求公司管理者严格限制养殖户和租赁户的养殖密度，组织专人对养殖和居住环境的垃圾进行分类处理，设立严格的海上垃圾处理流程。他说，这件事虽然牺牲了部分利润，但保证了海水环境的可持续利用和陆地居住区的干净整洁，因此必须做好。除此之外，他还非常重视建设生态宜居的人文环境。2003 年，他刚回村工作时便果断关停了排放污染物及腥味气体的鱼粉厂，虽然经济效益有所损失，但有效保护了村庄、百姓健康及海洋周边的生态环境。

将科技创新与生态发展相统筹、致力基业长青的李长青一直在努力。在他的主导下，公司科技成果转化率达 85%，科技进步对企业发展的贡献率超过 60%。可以说，如果没有科技作为保障，就没有寻山集团产业转型后的大发展。

"是金子永远都会闪光"，李长青就是跨界逆袭的典范。无论他在哪里都是那块闪光的金子。经过 20 多年的努力，李长青提出的"科技兴海、以养兴渔"的战略目标已迎来最辉煌的时刻。

基地建设——综合实力提振融合发展

在科技创新的引领下，李长青抓住机会，顺利建起了 8 万平方米的海水良种繁育基地、10 万亩生态养殖基地和海产品精深加工基地，年培育优良苗种 30 多亿株（粒、头），年产鲜海带 35 万吨、龙须菜 10 万吨、鲍 1.5 万吨，海参、扇贝、真海鞘等海珍品年产量 3 万多吨，成为全国重要的"海上粮仓"基地。

公司实施的养殖方式成功转型后，李长青并没有满足当下的成绩，而是把眼光从集体经济延伸到了现代加工制造业这一宏伟目标。

2017 年，公司年产鲜海带已达到 35 万吨，价格已提升到了每千克 2 元，发展态势良好。丰收的背后公司又面临一个严峻的问题：现有的冷库已经不能满足鲜海带的存储，只能租用外面很远的冷库。炎热的夏天，鲜海带运输保管极不方便。怎么办？管理人员急得团团转。

关键时刻，李长青总是异常冷静，他以敏锐的市场洞察力和果敢的作风又一次做出了正确的决定：自己建冷库。他说，这事不能等，要抓住机会，这是产业的需要，也是发展的需要。

2017 年 10 月，公司投资 2 亿多元实施冷链物流及食品加工基地建设，基地共占地 6 万多平方米，建有 10 万吨存储冷库，配套建成了 1.5 万平方米的海产品加工车间，包括 6 条盐渍海带生产线、2 条烘干海带生产线、1 条冷鲜海带、海带菜、速食（调味）海带生产线。

基地建成后以冷链加工基地为依托，海带食品从原料到成品全部实行标准化、精制化、自动化及多元化的全产业链加工生产，引领海带加工产业上档升级。例如，基地开发出"爱伦湾"品牌产品，主要包括即食、盐渍、冷鲜、烘干以及淡干等八大系列、20 多个产品，年加工量

11 万吨；基地生产的"爱伦湾"系列海带食品畅销市场，入选"山东三珍"产品，极受消费者的欢迎和喜爱；基地实施了微藻养殖工程，提取虾青素、岩藻黄质保健产品，推动产业向更高层次迈进；基地采用先进的生物酶解技术，开发出 20 多种海藻生物肥产品，已推广到全国农业重点产区。

为推动海洋经济不断转型升级、融合发展，李长青开始着眼海洋牧场建设，以实现产业链有效延伸。在他的支持和领导下，公司投资 1 亿多元，建成 1200 平方米海洋牧场展厅，采用影音、多媒体、幻影成像、VR 体验等多种技术，将海洋牧场建设历程、创新成果和发展成就直观地呈现在眼前；100 平方米信息化监控室，可以对海洋牧场水下情况进行实时视频监控，并且实现了对海洋牧场水质溶解氧、氮、磷等主要指标的自动监测；400 多平方米海洋牧场体验馆，集中展示了不同时期的育苗、养殖工具以及各类海珍品活体、多营养层次生态养殖实物微缩模型，游客可以在体验馆中看到并亲手触摸到鲍、扇贝、海胆、真海鞘等多种海珍品；2000 多平方米购物体验中心，购物区内展销各类海洋食品和纪念品，并设有儿童乐园、手工坊等，是一处集游玩、休闲、互动、购物为一体的一站式旅游购物场所。同时配套建设大型海上浮动平台、升降平台、深海网箱、观光游艇等，开展科普研学、海上采摘垂钓及餐饮等精品休闲渔业项目，年接待游客达 15 万人次，实现海洋产业全链条融合发展。2015 年，爱伦湾海洋牧场先后被评为"国家级海洋牧场示范区""国家级休闲渔业示范基地"等。

李长青用生命热爱着家乡的每一寸沃土、每一片海湾。20 多年来，在他的努力下，青鱼滩村及周边区域正发生着翻天覆地的变化，共同富裕已然梦想成真。

南北接力——鲍业富民提速乡村振兴

2008 年，一场金融危机席卷全球，海带市场的价格又一次跌落，以及招工难、工资成本大幅度提高等因素，导致企业利润降低，产业面临发展迟缓的严峻风险。

在这关键时刻，李长青又出"利剑"：实施率先布局好的鲍鱼养殖"南北接力"项目。

寻山集团最早只是尝试"北鲍南养"的养殖方式，即让鲍鱼在荣成海域度夏，在福建海域越冬，这样做既能规避北方冬季严寒和南方夏季高温的影响，又能缩短养殖周期，提高鲍鱼的成活率和生长速度。部分南方养鲍户看到养殖效益，紧随实行"南鲍北养"，就此鲍鱼"南北接力"的养殖模式开始形成。

机会总是留给有准备的人。李长青就看准"南北接力"的发展潜力，果断投资 1 亿多元，建造了一座北方最大的鲍鱼交易市场——爱伦湾鲍鱼港。鲍鱼港建设总面积 4.8 万平方米，共分四层，区域功能齐全。2021 年鲍鱼港全面建成，投产使用。

鲍鱼港的建成就是筑巢引凤，同时李长青从海区调整、物资供应、住房保障及资金周转等方面给予全方位的帮扶，吸引了越来越多的南方养殖户主动融入"鲍鱼迁徙大潮"。每年有 500 多家养鲍户进驻青鱼滩社区，促进了当地劳动力就业，以及加工、物流、住宿、餐饮等周边行业蓬勃发展。据统计，仅海上作业的固定用工就有 1500 人，经保守计算每天需要大约 4 万元的餐饮消费，一个养殖期约 800 万元。社区周边从事餐饮、零售的个体经营业主户数较三年前增加了约一倍，仅青鱼滩社区出租房屋就有 170 多户，租金平均为 1 万元/年左右。青鱼滩社区更加繁荣。

为了稳定一方经济，发扬青鱼滩人诚信做事的道德水准，李长青多次带领集团党组成员走基层，召集全体商户会议，强调诚信经商，不许对外工涨价，不欺负外地人，哪怕是一瓶水，也不许多加一分钱。

最让李长青欣慰的是"南北接力"直接为社会提供了大量的就业岗位，实现鲍业富民。寻山集团的海带、龙须菜和鲍鱼养殖都属于劳动密集型产业，每年高峰期都能直接为社会提供 5000 多个就业岗位，并且以高工资形成巨大的就业吸引力。按照鲍鱼养殖规模计算，工资支出总额在 2 亿元以上。每年仅 1.5 万吨鲍鱼的分拣销售工作，就需要使用临时工约 11 万人次以上，从事海上就业人员人均年收入达 10 多万元，有效地增加了农民工收入。除带动青鱼滩社区及寻山街道各村居民就业外，同时也吸引当地俚岛、崖西和成山等周边一些闲散劳动力来公司就业，最远辐射到福建、重庆、云南、安徽、河南、贵州、东北三省等全国各地的务工人员，使他们的年收入实现大幅增长，真正通过鲍业发展实现增收致富，通过产业振兴带动乡村振兴。

鲍鱼养殖和销售期间，李长青几乎每天都要去鲍鱼港现场转转，他像看自己的孩子似的关注鲍鱼交易情况，反复查看鲍鱼的品质、大小，了解市价行情，有时还会蹲下来和打工人员聊聊家常、询问收入情况，甚至还会搭把手帮忙抬筐装车。每当他看到交易市场忙碌嘈杂又热闹的情景，看到人们脸上洋溢的笑容，总是心潮澎湃，内心由衷地喜悦。

鲍鱼养殖量增加的同时也带动了苗种和海带、龙须菜等饵料的销售。在公司租赁养殖海区，共挂养 200 多万笼鲍鱼，每年增加苗种供应单位 1.6 亿元的销售收入；养成期间，可带动藻类养殖、初加工企业实现 1.7 亿元的收入；除此之外，鲍鱼租用的养殖筏架全部兼养海带和龙须菜，可以就地收获、就地销售，省去了诸多的中间环节，为藻类养殖分摊了大量的人工、运输、晾晒及仓储成本。

2023 年，公司共有 3.2 万台筏架用于鲍鱼养殖，养殖面积 1 万多亩，涉及 500 多家养殖户；年养殖量 2 万吨，交易量达 1.5 万吨以上，产值 20 多亿元。如果按照交易量统计，公司鲍鱼产量占当地总产量的 40% 左右，占全国产量的 10% 左右，为鲍鱼产业的发展贡献了寻山力量。

鲍鱼"南北接力"的养殖模式加快实现了"产业发展，共同富裕"的目标。鲍鱼交易中心的投产使用，更是为社会创造了 3500 多个灵活就业岗位，人均半年可增收 3 万多元，开创了"鲍业富民"新局面。

此时的李长青意气风发、不改初心，紧跟时代步伐，带领周围更多的人步入小康，向着社会主义现代化强国的目标奋进。

村企合作——区域发展带动共同富裕

自从回到青鱼滩后，李长青从未让自己真正放松过。20 余年弹指一挥间，李长青靠拼搏、勤勉成就了自己的事业，靠坚定的理想信念和爱民情怀践行着当初在笔记本上写下的诺言："促进区域发展，实现共同富裕"。

一个"勤"字改变了他的命运，也改变了他周边人的命运。2003 年李长青刚刚辞职回乡任职后，便养成了一个习惯，几乎每天都要到各个村子里走街串巷，通过听、聊、看、想，去感受最基层百姓的生活，了解群众的意愿和心声，随时随地解决他们的合理诉求。

多年前的一天，李长青开车转到大水河村时已是黄昏时刻，他看见两个放学的孩子在满是泥土的坡路上走着，顿生怜悯之情。他担心天黑后孩子的安全问题，就想送孩子回家，孩子拒绝了他，但他还是暗暗地把孩子护送回家。这是个很穷的村子，村民靠种地生活，没有稳定的收入来源。

这件事对李长青触动很大，第二天他便召开公司会议，率先响应市委、市政府"以强带弱"的号召，构建了"一村带动，数村受益"的发展新模式。这个模式就是以青鱼滩村为主体，在广泛民意调查的基础上，先后将樊家庄、罗山寨等其他8个自然村纳入统筹发展体系，建立中心社区，步入区域共建、共富和共享的小康之路。

这一决策对于寻山集团来说具有划时代的历史意义，是机遇也是挑战。九个村都没有经济基础，村企共建后李长青的压力虽然很大，但全面了解村内企业的经营状况后，李长青做好部署，立即行动。

对各村增长前景渺茫的资产进行清算变卖，对村集体暂时无力经营的资产采取对外出租的方式维持经营，减轻村集体的成本压力。另外，寻山集团积极运用自己的技术优势和管理优势，整合各村的土地、海域等资源，合力发展现代渔业；对内陆落后村庄实行统一规划复耕，开发建设三优富士基地和苗圃基地，统一机械化耕作口粮田，实行规模化经营。这项措施不但保证了农民种地的收益，而且将他们从繁重的田地劳作中解放出来，并为有就业意愿的村民全部安排工作，累计为2000多名合并村劳动力安排了工作，让大家有了稳定的工作和收入，带领他们逐步实现脱贫致富。

安居才能乐业，李长青深知老百姓的想法。在他的决策下，集团投资3.6亿元，规划建设20多万平方米的设施齐全的中心社区，从老百姓的住房开始逐步实施改造搬迁。居民宅基地按3万元/处进行补偿，新楼房以约1200元/平方米的低价向搬迁户出售。不到十年的时间，青鱼滩人及部分纳入公司管理的村全部搬进崭新的住宅楼，人均居住面积是从前的三倍。接着电路电线、管道天然气、集体暖气和自来水全覆盖，路面全部硬化、绿化，路灯亮化，购物、休闲、医疗等各类设施一应俱全。

"住进楼房并不一定意味着生活品质的跃升。弥补农村与城市的差别，首先要缩短基础设施、公共服务和保障体系等方面的差距。"李长青的话语铿锵有力，充满对社区群众的关爱。

基于这样的认识，公司按照城市化、现代化的发展要求，对9个村进行了统一规划，划分为农业、工业、加工、养殖、商贸服务、居住6个功能区，并且实行了高标准、规范化的开发建设，让老百姓享受城市化的硬件条件和配套服务。与此同时，集团又建立和完善了福利保障体系，凡男60周岁、女55周岁以上的社区村民每月都可以领取400～1000元不同档次的金额用于养老，每年还能领取600多元的粮油补助及其他节日福利物品。60岁以上老人享受暖气费全额补助，并且每年还能免费享受300度电、100立方米天然气以及50立方米自来水，免除了老人们日常生活数额大的开支，让大家幸福生活、安享晚年。

此外，公司还全额承担社区所有居民子女高中三年的学费和住宿费，并对所有考上大学的居民子女按录取院校的层次给予3000～100 000元的奖学金，让每一名群众都得到集体关爱，共享产业发展成果，社区4800多名居民过上了领福利、享受养老保障的幸福生活。近年来，集团用于民生事业的支出累计达到2亿多元。

在全方面提高职工待遇上，李长青一直不遗余力。不断提升职工工资收入的同时，他决定全面上调职工的社保缴费基数，并且为了减轻职工的个人负担，基数上调部分应该由个人缴纳的保费也都由公司承担。很多企业把缴纳职工社保费当成一种负担，但是李长青表示，企业有能力了，就应该让职工有更好的待遇。他说："企业就像个大家庭，职工就是家庭的一分子，企业各方面的待遇好了，表明家里的日子过得红火，家里的每个人就会有自豪感和优越感。我就是要给职工这种感觉，让大家不光是在公司工作的时候赚钱多，而且从公司退休了，也能享受更好的社保待遇。"

李长青一以贯之地按照习近平总书记做出的"我们推动经济社会发展，归根到底是为了不断满足人民群众对美好生活的需要"的重要指示，带领大家在共同富裕的道路上不断做出新业绩，创造新辉煌。

社区的主要劳动力都在集团上班，村里的日常开支、福利待遇、维修绿化等费用都由集团承担。集团产业的发展为社区带来了物质财富和精神财富。这些实惠让老百姓的生活更富足、吃喝不愁，社区内各项休闲健身设施齐全，广场舞、健身操四季不断。夜晚路灯亮堂堂的，人们成群结队沿着网红路散步，尽情享受这种惬意的生活。青鱼滩社区先后被评为农业农村部"美丽乡村""山东省文明社区""山东省生态文明社区""山东省科普示范社区""威海市绿色社区"。以往群众购物、看病不方便，现在医疗、购物不出社区都能解决，社区组织氛围很和谐，使广大居民的幸福指数达到前所未有的高度。

履职担当——为民发声续写家国情怀

连续当选为第十二、十三、十四届全国人大代表的李长青时刻牢记党和人民重托，依法履行代表职责。多年来，李长青不负众望，为民发声，先后提出"加快海洋牧场建设"等涉及经济发展和民生的10多项议案，模范地履行了人大代表的神圣职责。李长青坚持权为民所用、情为民所系、利为民所谋，淋漓尽致地体现着自己的一腔爱民情怀，竭尽全力造福家乡父老，把利谋给莘莘学子，把利谋给弱势群体，把利谋给千家万户，不让一名群众掉队。

李长青长期坚持走访调研，当他了解到很多贫困村的孩子上学离家都很远时，他雪中送炭，采购两辆大巴车，解决周边村孩子上下学接送的问题，同时向上级建议推广普及校车制度，得到了教育部门的高度重视。

作为人大代表，李长青始终将社会责任扛在肩上，带领公司全体员工在抗震救灾、疫情防控、社会慈善捐款、捐资助学等方面带头捐款捐物，体现了公司大爱无疆的责任担当。2008 年汶川大地震灾害中，公司率先捐款 100 万元用于抗震救灾。在新冠疫情初期，寻山集团主动捐款捐物折合 50 万元支援武汉的疫情防控工作，又先后捐款捐物折合 60 多万元，用于当地疫情防控。在"慈心一日捐"活动中，集团率领公司全员踊跃捐款累计 200 多万元。在捐资助学方面，集团向当地中学及小学捐赠了 20 套价值 50 多万元的智能多媒体教学设备，同时捐赠大批图书及其他教学器材，还垫资 600 多万元建设了新校区，助力当地教育事业不断向高质量发展迈进。

"为官一任，造福一方"，李长青就是这样的"村官"。在走访中他常常是随时发现问题，及时解决问题。有一年夏天特别热，他走到村里的老人活动室，推开门他就感觉闷热潮湿，很不舒服。一群老人围在一起打牌下棋，屋子里还挤满了看热闹的人。看到这情形，李长青最担心的是老人的健康和公共安全问题。第二天，老人活动室就安装上了空调。

士不可以不弘毅，任重而道远。李长青，正以高度负责的态度、抓铁有痕的作风，继续履行好代表职责，在带动区域和谐发展、推动农民增收致富上，为党和人民作出新的更大贡献！

再绘蓝图——勇立潮头续写基业长青

李长青，这个带动乡村振兴的领航者，用 20 余年的时间将自己的根深深扎进脚下的这片沃土。以"仁者爱人"的初心使命成为科技兴海的先行者，为现代渔业发展插上了科技的翅膀；他是海洋牧场的建设者，用"长风破浪会有时，直挂云帆济沧海"的胆识和魄力耕海牧渔、决胜千里，为海洋牧场建起了蓝色的万亩粮仓；他是"在其位，谋其政，勤政为民"的践行者，用真情和善举打造乡村振兴、共同富裕的新典范。

　　站在鲍鱼港的山坡上，李长青再绘蓝图："我们要边发展边改善，边整治边创建。每一项规划，都要立足当下，着眼未来，基业长青。"

（杨清燕）

微信"扫一扫"观看视频

因为热爱　所以坚持

——记中国远洋海运集团有限公司船长严正平

我喜欢航海，因为航海是一个特殊的职业，极具冒险性和挑战性，需要人具有极高的责任心、坚强的毅力，以及强健的体魄、娴熟的专业技能，还需要具备良好的心理素质、较强的环境适应能力和对突发事件的应变能力。航海要求从业人员具有相当高的职业素养，从某些方面讲更能体现人生的价值。

——严正平

　　严正平，中共党员，高级船长。1986年毕业于大连海事大学航海技术专业，截至2022年已从事集装箱远洋运输37载，任船长20余年。简单的事情重复做，重复的事情用心做，严正平用青春、热血、勇敢彰显了中国远洋海运集团有限公司船长坚持初心、扎根船舶、敢于拼搏、甘于奉献的优秀品质。严正平船长曾被中央电视台"海上丝绸之路"栏目作为"大国工匠"典型人物进行宣传，入选了"五十百千"工程"名家"船长，获得过集团"劳动模范""海洋航行专家""郑和航海风云人物"等多项殊荣，在"喜迎二十大"系列报道中展现了新时代海员的精气神与担当。

2018 年 11 月，习近平总书记视频连线上海洋山港时强调，"经济强国必定是海洋强国、航运强国"，深刻阐明了海运与经济、海运与国家战略的关系，为我国未来海运事业的发展指明了方向。有人说："如果没有海员的贡献，世界上有一半人会挨饿，另一半人会受冻。"所以，严正平热爱自己的职业，除了浓厚的"大海情结"，还有来自职业的自豪感。30多年的航海生涯，时光飞逝。海洋和船舶早已成为严正平生活的重要组成部分。作为航海人，他热爱大海，热爱船舶，向往自由；作为船长，他热爱航海事业，在创建安全、和谐船舶的同时，努力为企业创造更多价值。

勇挑重担——新船规则的制定者

船厂接新船是体现船长业务素质的最佳时候。接新船，尤其接大型现代化集装箱船舶是一项特别繁杂的工程，工作量很大，不仅要求船长技术好，敬业精神强，而且各项工作更是千头万绪，船长对船舶的质量要严格把关，要新建各项规章制度和台账，要保证今后船舶的安全运营。新造船舶需要人用长期积累的各项业务知识去检验，去适应航线航行要求。虽然船厂造船基本符合规范，但有些不符合航海习惯，船长必须提出合理化建议让船厂整改。而且新船出厂在现代管理上是一片空白，船长要带着船员去建立和完善现代管理体系，使船能在出厂后适航并通过各类检查。严正平船长在 2016 年 11 月进厂接中远海运"多瑙河"轮时说，接船的目的，一方面是熟悉设备，另一方面是通过现场检查，从使用者的角度发现问题或不合理的地方，通过及时有效沟通，使船在船厂里尽量完成整改，保证新船出厂后能正常使用并为后续接船创造条件。

从 2009 年 5100 箱位的"天隆河"轮开始，"中远奥克兰"轮、"中远休斯顿"轮、"中远热那亚"轮、"中远比利时"轮、"中远荷兰"轮、

"中远丹麦"轮、"中远海运多瑙河"轮、"中远海运喜马拉雅"轮，到20 000标准集装箱系列的"中远海运白羊座"轮、"中远海运摩羯座"轮和"中远海运宝瓶座"轮，十年间，严正平船长勇挑重担，带领他的团队先后12次新接管超大集装箱船，并且多次担任系列超大型集装箱船舶首制船的船长，被称为公司的"接船专业户"。为了接管好这些首艘超大型巨轮，严正平船长付出了大量心血。白天，在驾驶台、甲板、货舱忙碌不已，认真检查船舶的各种机械设备、助航仪器的工艺和质量，了解各种机器润滑油、燃油品牌，测量存油量，认真参加试航，熟悉各种设备的操作程序。晚上，利用休息时间，翻译英文说明书和资料，根据要求制定船舶规章制度和各项设备的操作规程。在接船过程中，严格执行国际公约和公司规章制度，不放过任何一个细小环节。他全面了解新船设备安装情况后，先后提出上百条改进建议。因其有理有据，得到厂方认可并进行了改进，从而确保新船设备运转正常，按期投入航行，既为以后的航行安全打下了良好的基础，也为公司节约了成本。新船上线营运后，严正平船长将压力变动力，反复测试船舶相关数据，与船厂理论数据比较，写出经验报告，为后面同类型船舶接船开船提供了第一手经验数据。严正平船长带领他的团队从船厂接船、试航到投入运输生产，并尽快掌握船舶的各种先进设备操作程序和使用方法，建立健全了一

严正平和轮机长一起熟悉新船设备

整套比较完善的新船管理规章制度和操作规程，成为公司系列新船规则的制定者，这些规则也被人们俗称为"严正平规则"。

"船"播绿色——海洋环境的守护者

海洋是生命的摇篮，它为人类的生存发展提供着丰富的资源，我们每个人都有义务来保护它。有关保护海洋的文件依据是公司的船舶管理体系文件和《国际防止船舶造成污染公约》。船长既是海洋环境的保护者，也是海洋环境保护的监督者。在海洋环境保护方面，严正平船长始终做到，在工作上一方面自己做表率，另一方面严格要求船员。他认真学习国际及航线相关港口公约及文件，按照公司体系文件培训船员。按《国际防止船舶造成污染公约》规定，严正平定期对防污器材清点、保养，规范填写《油类记录簿》；严格按照《船舶垃圾管理计划》收集、储存、处理船舶垃圾，除食品垃圾按照规定处理入海外，其他如塑料垃圾、废污油渣严格退岸处理，并得到相应的证明；平时加强对船员进行防污染方面的学习和教育，通过主讲对海洋污染的方式和途径，有针对性地开展防污染公约和法规、船舶防污染技术与设备、船舶防污染文书、污染事故后的处

严正平认真检查油罐封口，防止油污泄漏而污染海洋环境

理方法等的培训，引导船员积极参与生态环境建设，保护海洋环境。严正平还要求青年船员了解海洋、热爱海洋，一起来敬畏海洋、尊重海洋、顺应海洋、保护海洋。在日常生活中，他加强教育和监督，身体力行，做一个海洋环境保护的模范执行者，他在工作中至今未发生任何污染损害环境事件。

在节能减排方面，严正平船长积极响应国家绿色环保号召，努力做好船舶节能减排工作，降低单位能耗。每次上船他都根据航线特点，不断优化航线设计，在充分考虑气象、洋流、安全环境等自然条件的基础上，力求最佳航线。他还通过合理控制船速，尽力做到等功率航行，降低营运航速，有效减少船舶油耗及废气的排放。严正平船长充分利用洋流等自然因素提高船舶航速，从而利于节能。他认真做好每航次天气的预测，充分利用获取的各种气象资料，调整船速以避开恶劣的天气，争取船舶能在有利的气象中航行，预设与抵港相匹配的主机转速。严正平船长积极加强与港口、锚地各方的联系，减少船舶在港口、锚地的停留时间，增加在海上的可正常航行时间，从而降低主机转速，达到节能减排的效果；精心预配合理货载，力求通过调整货载、压载水来满足船舶稳性、强度、吃水、吃水差要求，从而尽可能减少压载以减小船舶载荷、保持合理吃水差，减小航行阻力以提高航速，达到节能减排的效

认真设计航线

果。此外，他和船员加强船舶设备的维修和保养，使所有机器发挥最大功效，通过及时有效的设备养护，确保船舶动力设备安全可靠运行，避免因设备原因导致船舶在航行途中漂航而耽搁时间。严正平使用经济航速合理降低能耗等措施，曾创下欧洲航次最低油耗。严正平船长说："让我们一起努力，不断摸索寻求节能减排新方法新措施，为创造中远海运'天更蓝、水更绿'的'和谐、绿色航运'作出应有的贡献。"

刚柔并济——科学管理的典范

社会在发展，时代在进步，现代企业管理理念也在悄然发生着变化，"以人为本，人性化管理"理念深入人心。如何扎实搞好船舶管理工作一直是船舶领导需要探索和实践的课题。在管理方式日渐转变、人们的思维意识深刻变化、行业管理水平日趋提高的今天，抓好船舶管理工作显得尤为重要。坚持以人为本的思路，成为船舶管理工作的趋势和发展要求。

在船舶管理过程中，由于船员队伍技术、素质不一，导致难以充分发挥现代化设备的效能，这个问题不容忽视，应该引起足够重视。提高技术装备的利用率就必须建设一支高素质的员工队伍，拥有一大批能够熟练驾驭现代化设备的技术能手，势必要求我们坚持以人为本的方法。严正平船长创建了柔性人文的管理方式，以人为本，进行人性化管理，提高个人的主动性，增强非权力影响力。他从内心去关心关爱每位船员，关注他们的情绪变化，并注意与船员个体的交流，注重相互的平等和尊重。严正平通过"以人为本"的管理，发挥了"管好人、用好人、促稳定、保安全"的中心作用；他通过挖掘船员的主观能动性和创造性、促进船员的全面发展来提高安全管理的覆盖面，形成"人人、时时、事事"有人操心尽力的管理格局。同时，他不断提高个人修养和素质，身体力行，以自己的行为去感染人、感动人，把组织者的意志转变为个人的自觉行为，真正达到以德服人。

随着航海科技的高速发展，船舶管理除了"以人为本，人性化管理"外，还必须"科学管理，规范管理"。安全管理体系是对船舶安全管理的规范性要求，体系内的各项操作规程和工作须知，是公司在吸取了内外部经验教训的基础上，通过科学的分析和不断完善而建立起来的，是比较科学和切合实际的，是船舶在航海发展的过程中对船舶管理积累的宝贵经验。目前船舶实施的《国际安全管理规则》，其目的就是使船舶管理科学化、规范化。这种管理模式，不仅使传统的被动反应型的管理转变为主动预防型的现代化科学管理，还通过标准化、体系化的管理，提高了船员和岸上管理人员技术管理、操作水平和综合素质，发挥了人的最大能动性，使船舶和船舶设备等保持良好的技术状态，甚至在应急状态下，按照应急反应程序能够采取有效的措施，把损失减少到最低限度。

严正平船长在进行柔性管理的同时，还严格执行刚性的制度管理方式。定指标、定制度，他要求船员按部就班严格认真执行。以集团航运管理信息标准化平台为引导，以船舶的实际情况为依据，以安全行为的"三个习惯"和"两个做法"①为基本遵循，他循序渐进，有计划、有次序地进行船舶生产工作，确保船舶设备有效运行，保证货物的运输质量和船舶的班期，保障人员安全，保护海洋环境。严正平船长结合船舶和航线特点，加强对船员的安全教育和培训，每季度制订"船员在船培训计划"，按培训计划组织学习国际公约、地方公约和法规以及船舶综合管理体系，提高船员的知法和守法意识；及时组织船员学习船旗国商船通函，使船员及时了解船旗国的要求。此外，他按照《船舶及设备维护程序》的要求

---

① 三个习惯：每日工作前安全风险辨识与评估、工作中安全风险提醒、航行中开阔水域安全避让一海里。两个做法：清单管理和闭环管理。

有效开展船舶的维修保养，定期对船舶安全设备、水密设备、警报设备、通导设备、船体结构、应急设备、关键设备等进行检查、保养和记录，保证船舶设备工况始终良好，尤其是消防、救生和防污染设备，使船舶能够随时接受港口国监督检查、船旗国监督检查以及相关组织的检查。

严正平船长在船工作期间，始终以安全体系为依据，以科学管理为手段，不断强化安全管理，用体系的方法来管理船舶。通过体系让大家知道该怎么做，通过对体系的监督和检查了解大家知不知道怎么做，知道了是不是这样去做，发现问题通过体系的手段抓落实，建立有效的机制保证体系有效运行，建立科学严格的船舶管理机制。在理解法规、规则、公约的基础上，严正平将法规、规则、公约的要求具体化，并以简明的指令发布出来，要求大家按规定去做。在对外交往中，如港口国监督检查（包括《国际安全管理规则》和《国际船舶和港口设施保安规则》的专项检查），他利用对法规、规则、公约的理解，熟练使用专业英语说明船舶确确实实是根据法规、规则、公约的要求来做的，并且表明船舶符合其要求，做到有礼有节有据。正如他平时所说：要把航海的主动权牢牢掌握在自己的手中，就要在平时下功夫，考虑仔细，严格要求，大胆管理。

临危不乱——应急处置的指挥者

船长的应变能力和指挥能力在确保船舶在复杂航区中的安全具有特别重要的意义，复杂航区客观的危险性随时随地都可能出现，只有船长从主观上多想办法，才能保证船舶在复杂航区的航行安全。如果船长沉着应对、果断决策、指挥若定，往往就会化险为夷、变不利为有利、变被动为主动。这些都取决于船长的知识、经验、阅历，以及对所处复杂航区的了解和熟悉情况。船长只有注重平时的学习和经验的积累，才能不断提升自己的能力。

指挥若定

　　船长是船舶应急的总指挥，直接决定着应急反应的效果，船长应急指挥的唯一目的是保证紧急任务的完成。因此，严正平船长十分重视应变部署表的审核，确保其符合法定要求，确认其应急潜能的有效性。在各种应急演习的过程中，严正平船长十分重视平时演习和训练的实效性和真实性，动作要熟练准确，习惯成自然。他希望每个船员都有身临其境的感觉，这不仅让每位船员牢牢掌握了"自救"和"他救"的能力，也磨炼了船员的心理素质，让船员遇到紧急情况时也能处变不惊，真正达到提高并保持全船船员的应变能力、完备应急部署、练以致用的目的。他始终坚信，虽然在平时是否具备这些"自救"和"他救"的能力似乎区别不大，但在关键时刻，能否形成战斗力、能否具有应急能力，那就可能有生与死的巨大差别。

正是良好的工作习惯，练就了严正平船长在紧急关头处置应变的能力。有一次，某轮靠泊时倒车突然失灵，严正平船长临危不乱，接管引水指挥，一方面通知大副抛下双锚，另一方面叫引水指挥拖轮全力向外挡拉开，当时形势的紧急非言语所能形容。在严正平船长的正确指挥下，最终避免了事故的发生。还有一次，在某轮靠泊安特卫普港期间，船上辅机突然跳电，而此时码头前后均有船，船尾来风风力达到6级，严正平船长本能地想到本轮带的都是自动缆，船舶本身惯性大，万一船舶有了运动趋势，事故就难以避免，于是果断地使用对讲机紧急命令前后分开，同时前

严正平和大副一起排查锚机

往驾驶台坐镇指挥。当大副、二副等人到达船舶首尾，并把绞缆机刹车刹住，此时距离跳电才过了 35 秒，船舶稳稳地贴着码头碰垫，没有开始移动。2 分钟后船舶恢复供电，大家才算松了一口气。正因为一次次惊心动魄，一次次化险为夷，彰显了严正平船长处变不惊、果敢刚毅、技术精湛、敢于担当的工作作风。

严正平船长认为，作为一船之长，任何一点疏忽都可能酿成大的事故，船长必须用心、细心、尽心去做每一件事，一旦有任何漏洞或疏忽都有可能导致船毁人亡的悲惨结局，即使是一个小的事故都会给个人带来伤害，给公司和国家利益带来很大的损失。特别是在靠离泊过程中，更要时刻准备着，及时发现问题，将事故隐患消除在发生之前。他是这样说的，也是这样做的。一次船舶靠温哥华港，在离泊位 15 海里时突遇大雾，引水员在船上并没有采取任何措施，严正平船长立即提醒引水员减速航行，引水员仍没有反应。于是，严正平船长一边自己减船速，一边通知大副、木匠到船首瞭望，同时还开启自动雾笛。当大副报告有一艘船离右艏很近时，才引起引水员重视并向船长表示感谢。另一次是在波特兰离港，当河道引水离船，海引水上船时突遇浓雾，而此时却不能抛锚，因为没有可以安全抛锚的锚位，船只能继续前驶。为了确保安全，虽然有引水，但严正平船长根据以往的经验，也采取了相应的雾航措施。他将船速降到最低，其中一台雷达开到最小距离挡。由于前面要过大桥，视线仅 50 米左右，此时此刻，严正平船长和引水员都小心翼翼，唯恐稍有不慎酿成不良后果。就这样，在充分考虑"风、流、压"的前提下，在驾驶台和机舱人员的同心协力下，船缓缓向前行驶，直到安全离港。近年来，严正平船长一直在远东欧洲航线工作，途经索马里沿海和亚丁湾海区，防盗任务很艰巨。在他和政委的精心指挥和船员们的共同努力下，船舶每次经过索马里沿海和亚丁湾海区，都安全顺利地通过。

友好交流——船舶外交的促进者

　　远洋船舶是"浮动的国土"，在国际交流中是展示国家形象的重要窗口。严正平船长曾经在船上参加多次外事活动，成功完成多次重大外事任务，获得上级领导的好评。

　　作为船长，严正平参与 2012 年"中远比利时"轮的接船和首航工作并获得圆满成功，开创了中国人驾驶国产超大型船舶的先例。在比利时的安特卫普港，严正平成功协助中国驻比利时大使与比利时副首相在"中远比利时"轮上热情交流，畅谈中比两国友谊。这是一次成功的外交盛会，获得大使馆的高度肯定。2018 年，中国首艘 2 万箱船"中远海运白羊座"轮面世，作为船长，严正平参与接船和首航工作并获得圆满成功，他还参与汉堡推介会，获得当地媒体高度称赞。在"中远海运摩羯座"轮工作时，严正平成功协助时任国务院副总理韩正来船与新加坡外长和交通运输部部长进行外事活动，受到了当地媒体的热情赞扬。

团队协作——同舟共济的领导者

　　一艘船舶管理的好坏直接影响船舶安全，而要管理好一艘船舶，船舶领导班子首先要团结，班子成员之间要和睦相处、及时沟通、相互配合、相互支持、同舟共济。船舶领导班子成员要以身作则，严格要求，在德、勤、能、责、廉等方面为船员做出表率。这就要求船长具有良好的协调能力，要懂得与人相处，以礼待人，礼是彼此融洽的、必不可少的另一种话语，而礼一旦成为表现真诚的一种心意的流露，便具备了无坚不摧的行为力量。船长作为团队的领导者，只有站在公心的立场，以真诚的心与人交往，才能把部门内部关系和部门间的关系处理好，才能把船舶领导班子建设好，使之成为强大的领导核心，管理好一艘船，从而为保证船舶安全提供有力的保障。

严正平船长曾经写过一篇《谈集装箱船如何谨慎靠泊》的文章。他是这样论述的：船舶的安全靠离泊过程是通过一个团队的协作来完成的，并受多个因素影响，船长是这一协作过程的关键人物。为达到安全顺利靠离泊位这一目标，作为船长一定要有一个完整的操作计划，同时在操作中要沉着冷静、胆大心细，及时发现问题，随时把本船置于有利位置，以获得最大的机动余地，并在操作过程中，随着内外部环境因素的不断变化而调整操作方法，以达到顺利安全靠离泊位的目的。在工作中，严正平船长始终注重以政委、轮机长和大副为核心的管理团队建设。作为管理团队的领导者，他主动把自己摆到管理团队中去，经常开展谈心交心活动，做到大事讲原则，小事讲风格，尊重班子成员，遇事博采众议，从不搞独断专行，时刻保持管理团队的凝聚力、战斗力。在生活上，严正平热情对待他人，努力团结身边的同事，不计较个人得失，这使他收获了一份份真诚的友谊，获得船员兄弟们的尊重。作为一名长者，他时常不忘利用开会、学习时间开展思想教育工作，言传身教，声情并茂地进行船舶安全教育，把他所经历的和学习到的安全知识教给那些刚上船不久的船员，为他们的航海生涯护航。任何工作都必须把安全放在第一位，这是对大家、对公司、对领导负责。严正平为了让大家在工作中注意安全、时刻铭记安全的重要性，经常讲"愚者用鲜血换取教训，智者用教训避免事故"。

人文关怀——和谐船舶的构建者

船员在船上工作，常年漂泊在大海上，几乎是处在与世隔绝的相对封闭的空间，人际交流匮乏，生活枯燥、单调；远离亲人、朋友，船员的喜怒哀乐和心理压力不能得到及时的倾诉和舒缓；船上的工作和生活环境相对艰苦，其身体和精神一直处于高度紧张状态，造成身体和精力上的透支；船员的艰苦劳动得不到社会的认同，船员的社会地位也急剧下降，不能安心在船工作。所有这些都给船员的心理造成不同的障碍，影响船舶安全。

船舶领导班子为船员创造和提供良好的工作环境、和谐的学习和生活环境、安全的船舶氛围，对构建和谐船舶、保证船舶安全意义重大。严正平船长在严格管理、加强船员纪律性的同时，经常关心船员们的生活，从起居饮食到生活娱乐，使他们感到集体生活的乐趣，从而最大限度地激励他们做好船员的本职工作。想船员之所想，急船员之所急，平时经常主动与船员沟通、交流，了解和关注船员的心理状态，及时给予疏导，尊重船员、关心船员，并根据实际情况尽量解决其生活上和工作上的困难。一次船舶停靠德国汉堡，一名船员通过微信得知母亲病危，情绪低落，严正平船长得知情况后积极联系公司，帮船员买好了返程机票，办好了转机手续，让船员见到了母亲最后一面。另外，严正平船长还十分注意对船员的培养和提拔，对业务技术好、责任心强、工作优秀且符合提拔条件的船员，大力向公司推荐，使之感受到被尊重和关心，使之安心服务于船舶。

认识严正平的人都知道，他是一位很有亲和力的船长，注重以"自身的人格力量去感染人"。2020年新冠疫情发生后，在持续严峻的疫情形势下，有的船员离开公司另谋高就，有的船员因害怕而不敢上船工作，面对船员思想波动大、安全隐患增多等情况，严正平船长以身作则，准时上船工作，一方面根据国家及公司的防控要求，严格科学地组织船舶疫情防控工作，特别制订了船舶防控新冠疫情措施方案，带头抓落实、抓防控；另一方面同船员讲解疫情知识，帮助大家克服恐惧心理，让大家安心工作，保障船舶安全，积极营造拴心留人的海上工作生活环境，保持了船员思想稳定。

完善培训——杜绝违章的倡导者

科技的进步带领我们走进了现代航海，国际穿梭使得我们每位船员都成为一名国际航运的使者，而让我们立于不败之地的方式，就是不断地学习。

人的因素是航海风险的主要来源，而减少人的因素所造成的失误的最好方法是对船员进行有效的培训。对于船员而言，加强管理是外部对其进行的监督，而培训是对其内部素质的提升，内外结合一定会起到良好的作用。培训能否达到预期的效果，船长思想上的重视非常重要。如果船长将培训当作满足公约要求或执行体系需要的功课，那么培训的效果可想而知。严正平船长在船上工作期间，十分注重建立船舶良好的学习机制，建立连续性的全船和部门的培训机制。使用有计划、有目的的学习、培训方式，使每位船员能够更好地使用最新的设备，掌握最新的国际公约，同时还可以通过培训和交流建立企业文化和船舶文化。通过培训来强化船员的安全意识，改变思维观念，一百次的违章不一定就会造成事故的发生，但是，每次事故的发生几乎都是因为违章造成的。通过培训可以提高船员的责任心和自主管理的能力，最大限度地减少人的因素所造成的失误。通过加强对船员的业务学习和培训，不断提高船员的岗位业务技能和综合素质，使船员具备适合本岗位要求的工作能力、具备预防事故发生的判断力和发现隐患的洞察力、具备突发事件的应急反应能力。

航行安全是船舶安全工作的重中之重，严正平船长特别注意加强对驾驶员业务技术的培训，如操船技术、应急能力、情景意识等，充分利用驾驶台资源，发挥驾驶台人员的团队精神，确保船舶航行安全。目前，船员中存在"以前我一直是这样做的，从来没有出过事故"的错误想法仍然比较普遍，事实上，他们把有惊无险和小事故不看作事故，这就是习惯性违章，是船员在日常工作、生活中所形成的习惯性操作与公司的有关规章制度和操作规程不符的现象，这往往就是引发事故的罪魁祸首。严正平船长通过加强船员的安全教育培训，使他们牢固地树立起安全意识，让广大船员清楚地认识到，遵守安全操作规章，船员始终是得益者。通过建立长效培训管理机制，确保"思想到位、管理到位、监督到位、落实到位"。船员自觉纠正习惯性违章，自觉遵守安全操作规章，保护了作业船员的自身安全，保护了全船人员的安全，也就保护了公司的利益和国家的利益。纠正习惯性违章，自觉遵守安全操作规章，对船舶安全意义十分重大。

严正平船长撰写了多篇关于超大型集装箱船舶管理、操船方面的文章，在接好船、开好船、管好船上呕心沥血。为保证船舶安全航行，他不仅言传身教，还经常向年轻驾驶员传授操纵、避让海船方面的知识，并将自己多年来积累的宝贵经验毫无保留地传授给年轻人，多年来为公司培养了几十名年轻船长和驾驶员。日常工作中严正平严格要求自己，积极学习有关国际公约、规则和本专业理论，有较强的责任心和使命感，热爱远洋，带领船员勤奋工作，指导全船各个岗位工作。在公休期间，他还先后担任过五期船员上船前集中安全培训内训师，为众多船员讲述了"职业素养和职业精神"。

以身作则——廉洁从业的践行者

《楚辞·章句》有云，"不受为廉，不污为洁"，廉洁不仅是不贪不占、克制守己的操行，更是拒腐防变、立身清白的高洁品质。于个人而言，廉洁的品质不但驱使人不踩红线、恪守职业道德准则，也帮助个人树立科学的世界观，并使其未来的职业道路越走越宽。

严正平在开始担任船长岗位上岗前的谈话中，就向公司领导明确表示："我在船工作期间，不会贪拿兄弟们的一分伙食费，不会克扣兄弟们的一分劳务费。"这些年来，他始终坚守了自己的承诺，从不会在船员的伙食中拿取任何好处，即使有些时候通宵进出港，他也不会叫厨工为他做任何食物，所有的夜宵都是他自己买的，包括调味品。船员的劳务费是大家关注的。其实不管是在外派船上，还是在主船队上，劳务费是船员们付出了一定的劳动换来的，但在很大程度上也是船长争取得来的，可是在分配上，他始终坚持公平、公开、公正的原则，按照公司规定进行分配，尽量使船员满意。并且从来不接受和船舶发生利益关系老板的宴请，他始终认为"世上没有免费的午餐"，特别是在市场经济环境下，个人得到小利，船舶和集体势必要失去大利。某些老板曾非常不满地对他说过"你们公司的船长中就你看不起我"。其实并不是严正平船长看不起他们，而是他始终坚信作为船舶领导更要注意在船员心目中的形象，这样才能维护船长的尊严和交易的公平，才能赢得船员的信任。

严正平船长在工作中始终坚持从自身做起，把控好自己的心态，摆正自己的位置，加强修养，提升素质。"君子之行，静以修身，俭以养德"。严修道德之基，筑牢思想根基，保持清廉本色，气节坚定，坚决把住做人、处事原则，不为诱惑所动，任何时候都不触犯红线，把公司的信任化作责任，清醒地认识到自己的职位是责任，不是享受；是奉献，不是获取。严正平牢记肩负的担子，把公司的信任运用到船舶安全生产、建功立业上来。他还时刻注意自己的形象，严格遵守廉洁自律的各项规定，约束自我，自觉接受监督、诚恳接受监督、乐于接受监督，习惯在阳光下履职尽责，时刻绷紧作风建设这根弦，主动把自己的一言一行放在党组织和船员群众的监督下，做到廉而有为，让纪律规矩内化于心，外化于行，自觉提升思想道德境界，保证自己不贪不占公家财产、不侵占船员利益，不利用职权在船员提升、考核、入党等敏感事项上做文章，真正做到公平、公正、公开，关系"亲"而又"清"，充分赢得绝大多数船员的信任。严正平一切以大局为重，让组织放心，让大家满意。他认为作为船舶领导，从更具体方面讲，要防腐拒违，拒贪腐违规于千里之外，清白做人，干净做事，必须严格管理好自己的"五官"，管住了，面对违规违纪才能有说服力、感召力。管好"脑子"，保持清醒理智的头脑，把住做人、处事、交友的原则底线，摒除贪欲，修其心治其身；看住"手脚"，手莫伸，伸手必被捉，"瓜田李下"的事少做，一旦伸了手、湿了鞋、违了纪，触碰了底线，那就会"白袍点墨，终不可湔"，应"择其善者而从之，其不善者而改之"，要用干净的手去待人接物，要用干净的脚去走好人生每一步；放正"心态"，"廉不言贫，勤不道苦"，成为一个廉洁守规之人，要知足常乐，摆正心态，时时珍惜自己的拥有；堵住"嘴巴"，不为一时的贪恋，吃下不该吃的、做下不该做的，失身伤志，得不偿失，不是所有能吃下去的东西都是对自己有益的；擦亮"眼睛"，对镜检查自己不眼馋、不眼红，对于歪风邪气应做到"眼里揉不得沙子"，要有判断是非的能力，要做到心里有分寸，眼睛能度量。

严正平船长始终把廉洁从业作为自己的职业信条。坚决遵守集团的"五条禁令""十项规定""严禁'吃拿卡要'船员六条禁令"，贯彻落实《中远海运集装箱运输有限公司关于船舶发生严重违纪违法问题追责实施细则》，发扬壮大"廉洁从业、奉献远洋"的廉洁理念。严正平通过经常性学习警示录、读本和船舶典型案例，看到非法走私商品、倒卖船舶物资、吃拿卡要等违纪违法行为产生的严重后果，让大家充分认识到：缺少有效监督就会滋生违法乱纪，主动监督也是每名船员的责任和义务，必须以主人翁的姿态参与到监督工作中，让清正廉洁在船舶上蔚然成风。

古语云"公生明，廉生威"，无论历史如何变迁，无论时代怎样发展，廉洁永远是时代的呼唤，永远是人民的期盼。廉洁，是每一个共产党员的必备修养。

浪奔潮涌奋楫行，风劲扬帆正当时。严正平船长始终不忘初心，牢记使命，几十年如一日坚守在航运事业一线，无任何安全事故和责任事故发生，坚守着自己的航运报国梦想，在海上丝绸之路的航海强国征途上辛勤耕耘，他经常挂在嘴边的一句话就是"我是一块砖，哪里需要就往哪里搬"。他是这样说的，也是这样做的，他把一生中最美好的年华奉献给了祖国的航海事业。

（杨伯荣）

微信"扫一扫"观看视频